特集 労働争議

法政策学の試み

――法政策研究 第18集――

泉水文雄・角松生史 監修
法政策研究会 編

信 山 社

まえがき

　『法政策学の試み』は，毎年度，神戸大学大学院法学研究科に在籍し，あるいは在籍していた社会人を中心に結成されている法政策研究会の編著として刊行されている。本書は，その第 18 集として刊行されるものであるが，会員による個別研究の成果に加え，香川孝三・神戸大学名誉教授，武蔵勝宏・同志社大学政策学部教授，永石尚也・保健医療経営大学専任講師の論考を掲載している。

　法政策研究会の研究活動は，会員の社会的経験を踏まえた問題関心から出発し，従来の法学研究において主たる地位を占めてきた解釈論中心の思考とは異なるものとして展開されてきた。本書においても，憲法・行政法・民法・社会保障法・医事法など，さまざまな領域が交差する問題について，実務的発想を基盤においた研究が査読を経た上で掲載されている。今後も，各会員の研究成果の一端をこのような形で毎年世に送り出せることを祈念する。

　また本書には，会員外からのご寄稿として，香川名誉教授によるミャンマー労働法に関するご論文，武蔵教授によるイギリス貴族院における制定法文書の審査権限に関するご論文，永石講師によるリスクの帰属と道徳的運に関するご論文を頂いた。学際的視点を踏まえたこれら論文を『法政策学の試み』に掲載できることは編者の喜びとするところである。

　なお，本書『法政策学の試み──法政策研究（第18集）』を刊行できるのは，やはり例年通り，ひとえに信山社のご理解とご支援によるものである。ここに，信山社の袖山貴氏，稲葉文子氏に対し，心より御礼を申し上げる。

　2018（平成 30）年 1 月

角松　生史

執筆者一覧 （掲載順）

1 香川 孝三 （かがわ こうぞう）　神戸大学名誉教授・大阪女学院大学名誉教授

2 武蔵 勝宏 （むさし かつひろ）　同志社大学政策学部教授

3 永石 尚也 （ながいし なおや）　保健医療経営大学専任講師

4 三野 寿美 （みの としみ）　神戸大学大学院法学研究科博士課程後期課程
　　　　　　　　　　　　　　法政策専攻修了　法学博士（神戸大学）
　　　　　　　　　　　　　　高松法務局（法務省）

5 石原奈津子 （いしはら なつこ）　神戸大学大学院法学研究科博士課程後期課程単
　　　　　　　　　　　　　　位取得退学　税理士

© *Printed in Japan*

目　　次

まえがき

＜執筆者一覧＞

第Ⅰ部 ——————————————————— *1*

1　2012 年ミャンマー労働争議解決法の改正点　〔香川孝三〕…　*3*

1．なぜミャンマーか………………………………………………　*4*

2．ミャンマー労働立法の概要……………………………………　*7*

3．2012 年労働争議解決法の内容………………………………　*8*

4．2012 年労働争議解決法の運用上の問題点 ………………… *13*

5．労働争議解決法の改正すべきポイント……………………… *15*

6．ま と め………………………………………………………… *22*

2　イギリス貴族院における制定法文書の審査権限
　──タックス・クレジット削減規則案の不承認を事例に──
　　　　　　　　　　　　　　　　　　　〔武蔵勝宏〕… *25*

1．は じ め に……………………………………………………… *25*

2．タックス・クレジット削減規則案の提案前段階…………… *29*

3．庶民院での福祉改革・労働法案の審議……………………… *31*

4．タックス・クレジット削減規則案の両議院での審議…… *33*

5．秋季財政演説での方針転換と福祉改革・労働法の成立… *40*

6．タックス・クレジット削減規則案の貴族院不承認は憲法的
　　慣行違反か……………………………………………………… *41*

7．貴族院の制定法文書に関する権限の見直しの提案……… *46*

8．お わ り に……………………………………………………… *48*

法政策学の試み〔法政策研究 第 18 集〕　　　　　　　　　　　　　　　*v*

目　次

3　リスクの帰属と道徳的運について
　　──過失犯論における行為者性を題材として──〔永石尚也〕… *51*
　　　　1．は じ め に………………………………………… *52*
　　　　2．リスクと法…………………………………………… *54*
　　　　3．行為者性と道徳的運………………………………… *59*
　　　　4．過失の帰属と「身分」……………………………… *67*
　　　　5．お わ り に………………………………………… *71*

第Ⅱ部（会員論文）───────────────── *73*

4　地域における権利擁護支援事業についての考察
　　──福祉系 NPO による活動を中心として──　〔三野寿美〕… *75*
　　　　1．序　　　論…………………………………………… *76*
　　　　2．法人後見に関する総論的考察……………………… *77*
　　　　3．法人後見の活動主体に関する検討………………… *83*
　　　　4．権利擁護体制の構築に関する検討………………… *91*
　　　　5．結　　　び…………………………………………… *94*

5　医療の産業化をめぐる法政策の展開
　　──新自由主義医療政策のジレンマ──　　〔石原奈津子〕… *97*
　　　　1．は じ め に………………………………………… *98*
　　　　2．社会保障政策再編の流れと医療の産業化………… *99*
　　　　3．医薬品産業の展開………………………………… *107*
　　　　4．医療の産業化と法改正…………………………… *116*
　　　　5．結　　　語………………………………………… *120*

　あ と が き（*123*）

第Ⅰ部

1 2012 年ミャンマー労働争議解決法の改正点

香川孝三

――――【要　旨】――――

　2011 年ミャンマーは軍政から民政に移管し，それまで長らく制定されて
こなかった労働立法の制定がおこなわれ始めた。2011 年労働組織法を皮切
りに，2013 年最低賃金法，2013 年雇用および技能向上法，2016 年賃金支払
法，2016 年店舗および商業施設法などであるが，本稿の考察の対象とする
2012 年労働争議解決法もその内の 1 つである。この法律はイギリスの植民
地時代に制定された 1929 年労働争議法を修正した法律である。1962 年成立
のネウイン政権は，1926 年労働組合法の効力を停止して労働組合の結成を
禁止したが，労働争議法の効力はそのまま認められた。一国社会主義のもと
であっても，企業における労使紛争がなくなることはないので，労働争議法
は必要と判断されたためである。その後，1963 年に修正され，イギリスの
労働争議処理とは異なる方式を取り込んだ。それが 1988 年成立した軍事政
権のもとでも効力を持ち，それを修正して 2012 年労働争議解決法が成立し
た。つまり，軍政時代に効力を持っていた労働争議法の制度を取り込んだ法
律が成立したことを意味する。民政に移管してもミャンマー社会での紛争処
理機構として定着した制度を根本的になくしてしまうことができないことを
示している。

　2012 年労働争議解決法では，企業・事業所での職場合同委員会，町の調
停機関，州および管区の仲裁機関，中央レベルの仲裁評議会，裁判所の 5 段
階の紛争処理機関がある。調停や仲裁機関，仲裁評議会の委員は政労使の 3
者で構成されている。職場合同委員会は企業や事業所での団体交渉，町の調
停機関では紛争が個別紛争か集団紛争かの区別をして，個別紛争は町の調停
機関で処理できない場合は，裁判所に付託する。集団紛争の場合，町の調停
機関で処理できない場合には，州および管区の仲裁機関に付託する。そこで
も解決されない場合，仲裁評議会に付託される。そこでも解決されない場合
には最高裁判所に付託され，そこで最終的に解決される。この法律が施行さ
れて 5 年であるが，取り扱う件数が増加して，町の調停機関では 1000 件を

法政策学の試み〔法政策研究 第 18 集〕

超えている。この間に，いくつかの問題が生まれており，法律の改正や運用上のガイダンスを作成して，それによって処理していく必要性が生まれている。たとえば，各レベルで処理する日数が法律上では5日，3日，7日ときわめて短く実態と合わなくなっている。個別紛争と集団紛争の区別が明確ではなく，個別紛争である解雇問題が仲裁機関で処理されてきている。処理を担当する委員の選出方法に問題があって，特に労働者側委員をいかに民主的な方法で選出するかが問題となっている。

　これらの問題の解決に，日本の厚生労働省からJICA専門家として派遣されているミャンマー労働省顧問の活躍が期待される。

1．なぜミャンマーか

　『法政策学の試み』という雑誌にミャンマー（1989年軍事政権によって，それまでのビルマという国名表記が変更された）の法律についての論文をなぜ書くかを述べておきたい。

　筆者は約50年間アジア諸国の労働法を研究対象としてきた。日本の法学界では外国法研究というと欧米諸国の法律を対象とするのが普通である。明治維新以後，欧米諸国の法律を参考としつつ，日本法を作り上げてきた。その伝統が今も根強く生きている。日本が経済成長を遂げて先進国となってからは，同じ先進国である国々の法律を参考とするのは合理的根拠がある。労働法の分野でも，新たに法律案を策定し，改正案を提起する場合，アメリカ，イギリス，ドイツ，フランスを主に対象として調査して，その成果をいかに日本に取り入れるかという作業が行われている。労働立法を解釈する場合も，この4か国での議論を参考として解釈に生かすという作業が行われている。しかし，これだけでいいのかという疑問を持ち続けている。その理由は以下である。

　日本企業は昭和40年代から海外に進出し始めた。最初は韓国や台湾であったが，しだいにアジア諸国，欧米諸国，最近になってアフリカ諸国やラテン・アメリカ諸国にも進出して，日本企業はグローバル経済の形成に寄与している。海外進出にストップをかけることはできない状況にある。それな

1．なぜミャンマーか

らば欧米諸国だけの法律研究では不十分である。欧米諸国以外の国々の法律を研究することが必要になってくる。筆者が研究を始めた頃は日本企業がアジアに進出を始めた時期であり，欧米諸国以外の国としてアジアに目を向けたのは，時代の流れに即していたといえよう。

　アジア諸国への日本企業の進出は現在も続いており，特に労働集約型産業では賃金の安い国に移動を繰り返しており，最近ではアジアの「最後のフロンティア」として経済開発の遅れているミャンマーに進出する企業が出ている。2011 年民政に移管する直前には，ミャンマー日本商工会議所に加盟する日本企業は約 70 社であったが，2016 年末には 330 社に達した[1]。企業進出に伴って様々な法律問題が発生しているが，現地の労働者の雇用をめぐって生じる問題も重要な問題の 1 つである。これはミャンマーの労働法にしたがって解決しなければならない。企業がコンプライアンスを遵守する必要性からも当然のことである。

　さらにミャンマーに企業進出していなくても，ミャンマーで生産された部品や製品を購入する日本企業は，労働法を順守して生産された部品や製品を購入しなければならない。もしそうでない場合には，製品を購入する側にもそれを生産する側に労働法を順守するよう指導する責任が生じる。これはサプライチエーン・マネジメントと呼ばれる問題である。サプライチエーン・マネジメントの問題は，アジアだけに限らず，部品や製品を購入する先の国々で生じる問題であり，世界中で発生する問題でもある。これは先進国よりもむしろ発展途上国で発生しやすい問題であり，それへの対応をしておく必要性が高い。日本企業側からみれば，サプライチエーン・マネジメントを実施することは企業の社会的責任(Corporate Social Responsibility)にあたる。

　さらに別の視点からの問題もある。日本は法整備支援事業を展開して 20年以上になる[2]。主にアジア諸国で法整備支援がなされている。社会主義市

---

1)　日本アセアンセンター「在 ASEAN と中国の日本人商工会議所等会員企業数」
　　http://www.asean.or.jp/ja/aean/know/statistaics/5/pdf/4-4.pdf/at_download/file
2)　日本の法整備支援事業についての基本的文献として鮎京正訓『法整備支援とは何か』名古屋大学出版会，2011 年，金子由芳『アジアの法整備と法発展』大学教育出版，2010 年，金子由芳・香川孝三編『法整備支援論──制度構築の国際協力入門』

法政策学の試み〔法政策研究 第 18 集〕　　　　　　　　　　　　　　　　5

場経済を目指す国々に，市場経済化を促進することと，日本企業が海外進出しやすくすること，法の支配を確立して民主化を促進するという3つの目的を持って法整備支援事業がなされている。ミャンマーには後者の2つの目的のために法整備支援がなされている。日本では法務省を中心として民法や民事訴訟法等の民事法の領域で法整備支援事業が行われてきたことは知られている。しかし，それだけでなく，それぞれの省庁，たとえば財務省，経済産業省などによる経済法の支援や，厚生労働省による労働法や社会保障法に関連する支援がなされている。

　厚生労働省によるミャンマーへの法整備支援として，ミャンマーの労働立法整備への支援がなされている。2014年11月13日，アメリカの主導で「ミャンマーにおける基本的な労働者の権利と労働慣行の促進のためのイニシアティブ」がILO，アメリカ，日本，デンマーク，ミャンマーが参加して締結された。遅れて2015年5月にはEUがこれに参加した。これはミャンマーが2011年3月から軍政から民政に移行し，民主化の方向に向かい始めたことを受けて，それをより確かなものとするためと，ミャンマーの経済発展のために外資が進出しやすい環境を整備するという2つの目的のために，労働法の整備と良好な労使関係構築のための社会的対話を定着させることを目指している。労働法の整備では，個々に制定されている個別的労働関係法に係る法律を1本にまとめ，その後に集団的労働関係法に係る法律と一体化させて労働法典を成立させることが目標として掲げられた[3]。

　さらに，ミャンマー政府からの要請でODAとして，厚生労働省はミャンマーの労働法整備や労働行政を支援することになった。2016年4月からJICA専門家としてミャンマー労働・出入国管理・人口省（このあとは略称して労働省という）に1名を顧問（Labour Administration and Policy Adviser）として送り出している。ミャンマー側からみれば，お雇い外国人として労働立法の法案作りや労働行政一般にわたっての助言や提言をおこなうことが期

　　ミネルヴァ書房，2007年。
　3）　香川孝三「ミャンマーにおける基本的な労働者の権利と労働慣行の促進のためのイニシアティブ（ミャンマー労働イニシアティブ）をめぐる動き」ICD NEWS（法務省法務総合研究所国際協力研究部会報）70号，85-94頁。

待されている。「お雇い」といっても，その費用は日本側の負担である。それだけでなく，2014 年 4 月からヤンゴンにある日本大使館に一等書記官として労働担当官（Labour Attache）を派遣している。初代のレーバー・アタッシェは厚生労働省が担当している医療保健や社会福祉の ODA を推進する役割を担っているが，彼は労働災害防止を専門とおり，現在ミャンマーでは労働災害防止法の制定を目指しており，なんらかの貢献が期待されている。このように労働立法の制定や改正に日本から 2 名がミャンマーに送りこまれている。それはミャンマーへの貢献だけでなく，ミャンマーに進出した日本企業にとってもプラスとなる可能性がある。そこで，筆者は労働立法の中でも，2012 年制定された労働争議解決法の改正の問題に焦点をあてて議論をしたい。良好な労使関係を構築することはミャンマーに進出した日本企業にとって成功する 1 つの要因であり，そのために労使紛争を短期間に処理して生産性が下がることを抑制する必要性がある。そこで，労働争議解決法が労使紛争処理に有効な機能を果たすよう期待されるからである。

2．ミャンマー労働立法の概要

ビルマは 1886 年 1 月イギリスの植民地になり，英領インド帝国の準州となった。ビルマはインド総督の統治のもとに置かれ，インで施行された法律はビルマにそのまま適用された。インド法はコモンローを法典化してインドに導入することによって形成されたが，イギリスはインド植民地支配の中で，法典化されたインド法をインドに導入し，それを旧英領植民地に普及させたことを最大の貢献とみている。

ビルマは 1937 年ビルマ統治法施行によって英領インド帝国から分離して，英領ビルマ帝国となった。その結果，独自に法律を制定する権限を認められたが，インド法がそのまま適用になる状態に変化はなかった。労働法も同じであり，1923 年労働者災害補償法，1926 年労働組合法，1929 年労働争議法，1936 年賃金支払法，1947 年最低賃金法，1951 年工場法などがインドから導入された[4]。

4）　ビルマの独立前の労働立法については高橋武「ビルマの労働法」高橋武編『ビルマ

独立後もそのまま植民地時代の労働立法が適用されたが，大きく変わったのは1962年ネウインが一国社会主義（ビルマ式社会主義）を採用した時からである。もっとも大きな変更は1926年労働組合法を効力停止としたことである。これ以来労働組合の結成は禁止された。それが変更されたのは2012年であり，約50年間労働組合の結成ができなかった。1988年ネウイン政権が崩壊したとき，民主化運動が盛り上がり，アウンサンスーチーが国民民主連盟の書記長となって運動を展開したが，国軍によって弾圧されて，軍政に移行した。その時に「ビルマ式社会主義」は崩壊して，軍政のもとで外国投資法を制定して市場経済化政策が導入されたが，アメリカやEU，日本等々からの経済制裁を受け，市場経済化を進めることが困難になり，最貧国となった。ここから脱出するためには民主化や民政化に移行せざるを得ない状況に追い込まれた。2003年には軍事政権下で民主化を目指すロードマップを発表し，それにもとづき2011年民政がスタートした。ネウイン政権から軍事政権の時代の約50年間は，労働立法にほとんど手を付けられないまま放置されてきた。民政に移行してやっと労働立法の制定や改正が次々とおこなわれ始めた。

たとえば，2011年労働組織法，2012年社会保障法，2012年労働争議解決法，2013年最低賃金法，2013年雇用及び技能向上法，2016年賃金支払法，2016年店舗及び商業施設法などが新たに制定された。労働安全衛生法案は2012年以来検討されているが，まだ成立に至っていない[5]。

本稿では，これらの中で2012年労働争議解決法を検討してみたい。

3. 2012年労働争議解決法の内容

労使紛争を処理するための法律として1929年労働争議法があった。これはインドの1929年労働争議法をそのまま受け継いだ法律である。インドの

の労働事情』アジア経済研究所，119-165頁，1962年。
5) 最近のミャンマーの労働立法については香川孝三「労働法令」労働政策研究・研修機構『ミャンマーの労働・雇用・社会──日系進出企業の投資環境』労働政策研究・研修機構，143-197頁，2017年。

3．2012年労働争議解決法の内容

　1929年労働争議法はイギリスの紛争処理手続を取り込んでいる。イギリスの1919年産業裁判所法と1927年労働争議および労働組合法を受け継いだからである。これは労働争議にかかわる問題を，両当事者の申請によって，政府が実情調査委員会または調停委員会に付託することが定められている。実情調査委員会は労使に利害を持たない独立委員によって争議の原因と事情の調査がなされ，その結果が政府に報告される。それを受けて，独立委員と労使の利害を代表する委員による調停委員会が設置され，そこで調停が成功すれば紛争が解決し，成功しなければ，その結果が政府に報告される。イギリスでは当事者の自主的な調整によって紛争を処理することが基本であって，政府の介入はそれを補充するものにすぎないという原則[6]によって労働争議調整の法制度が作られたが，それがインドやビルマに導入された。

　しかし，インドでは1947年労働争議法によって1929年労働争議法が大幅に改正された。企業・事業所内で紛争処理するための機関，中央および州政府による紛争処理手続，さらに裁判所による紛争処理手続が定められたが，その中で政府の介入による紛争処理がもっとも機能している[7]。イギリスの任意に基づく紛争処理制度を残しつつも，政府の介入によって紛争処理する手続がもっとも利用されているのは，労使関係の実態の違いを反映したものといえよう。

　ビルマは1942年から1945年8月まで日本軍の統治下に置かれたが，その後ふたたびイギリスの植民地支配が復活したが，1948年1月4日イギリスから独立した。この過程の中で，インドで1947年労働争議法が制定されたことを受けて，徐々にそれをビルマに導入していった。1929年労働争議法を1948年改正して，実情調査委員会や調停委員会を追加して，さらに産業仲裁裁判所をあらたに設置し，裁定によって最終的に紛争を処理する仕組みを導入した。1951年改正で産業仲裁裁判所は常設の機関（Standing Court of Industrial Arbitration）とされた。インドと異なり裁判所に上訴することはで

---

6) カーン・フロイト（松岡三郎訳）『イギリス労働法の基礎理論』日本評論社，53-54頁，1957年。

7) 香川孝三「インドの労使紛争処理手続」アジア法研究7号159-172頁，2014年。

1　2012年ミャンマー労働争議解決法の改正点

きない。1950年改正では調停官が取り入れられ，調停官による調停手続が可能となった。これには労働省の職員が任命された。1954年改正では，企業や事業所に工場委員会を導入して，個々の苦情処理や労働福祉施策について議論をして紛争が起きないように配慮している。以上のように，ビルマでは時間をかけて，インドの1947年労働争議法による労働争議処理制度をビルマに導入していった。ビルマもインドと同じく，イギリスの任意にもとづく紛争処理手続を残しつつも，新しく政府が介入して紛争を処理する仕組みを導入していった。

　産業仲裁裁判所では1948年から1954年までに57件が付託され，31件の裁定が出され，すべて裁定内容が実施されており，争議調整としての機能を果たしたと評価されている[8]。

　1929年労働争議法とその後の改正は，ネウインのビルマ式社会主義時代もその後の軍事政権時代にも効力を持ち続けてきた。これは独裁体制になっても労働争議自体がなくなるわけではないので，ネウイン体制やその後の軍事政権のもとでも労働争議法は効力を持ち続けたものと思われる。政府の介入による紛争処理は独裁体制と矛盾するものではなかったことが効力を持ち続けた要因である。これに比べて，労働組合法は効力が停止されて，労働組合の結成は禁止された。日本では第二次世界大戦終了前まで労働組合法案が議会に提出されたが，成立に至らなかった。しかし，1926年に労働争議調停法を成立させて労働争議の調整をおこなう必要性があった状況と類似している。

　ネウイン政権下のビルマでは，労働組合に代わって，労働者評議会が企業や事業所単位で労使の代表によって設置され，独裁体制を支える仕組みを作りあげた。これも第二次世界大戦中に戦争体制を維持するために，日本で組織された産業報国会に類似する組織である。

　ネウイン政権のもとで1963年の改正によって，次のような労働争議調整機構が設置された。準備段階として，労使に意見の違いがある場合，町の労

---

8)　ILO/TAP/Burma/R.6, Report of the Government of Burma on Labour Administration and Labour Inspection, p.10, 1954.

3．2012 年労働争議解決法の内容

働監督委員会に交渉のために申込みをおこなう。そこでの交渉が成功しない場合，町の労働監督委員会での調停に付託する。そこでの調停がうまくいかない場合，仲裁手続に入る。町の仲裁委員会での調査を経て裁定が出される。それに合意が得られない場合，州または管区の仲裁委員会に付託され，そこで裁定が出される。しかし，そこでの合意が得られない場合，中央労働争議委員会に付託され，そこで最終的な決定が下される。ただ，この中央労働争議委員会は実際には休眠状態であった。

1988 年以降軍事政権の下でも，基本的に 1963 年労働争議法改正が施行されたが，名称が変更されている。調停段階では，町の労働争議委員会，仲裁段階では，町の労働争議委員会，州または管区の労働争議控訴委員会，中央労働争議委員会の 3 段階になっている。

これをもとに民政に移管された後の 2012 年に労働争議解決法が制定された[9]。この法律案が作成された時点では，軍政が敷かれていた時期であり，軍事政権で実施されていた労働争議調整機構から大きく離れることは不可能であったと思われる。

2012 年労働争議解決法に基づく労働争議調整機構は以下のようになっている。まず，30 人以上雇用している企業・事業所で職場合同委員会（Workplace Coordinating Committee）を設置して，労働条件，安全衛生，労働福利，生産性について話し合う。この職場合同委員会は，使用者側 2 名，労働者側は労働組合または労働者の投票によって選ばれる 2 名で構成される。そこで合意ができれば協定書を作成する。それは次の調整機関に送付される。

次に，町の調停機関（Township Conciliation Body）に紛争が付託される。この調停機関は，使用者代表 3 名，労働者や労働組合代表 3 名，町の代表 1 名，有識者 2 名，書記として労働省から指名された者 1 名の合計 11 名で構成される。紛争が個別紛争と集団紛争に区分けされ，個別紛争の場合には，町の調停機関で 3 日以内に調停が成立すれば，協定書が締結される。その合意が得られない場合，裁判所に提訴される。地裁，高裁，最高裁へと提訴す

---

9) 香川孝三「ミャンマーの労働争議解決法の意義」季刊労働法 244 号 150-161 頁，2014 年。

1 2012年ミャンマー労働争議解決法の改正点

ることが可能である。

集団紛争の場合，町の調停機関で3日以内に解決しない場合，州または管区の仲裁機関（Dispute Settlement Arbitration Body）に付託される。委員の構成は町の調停機関と同じである。7日以内に合意が成立すれば協定書が締結される。それができない場合には，中央の仲裁評議会（Dispute Settlement Arbitration Council）に付託されるか，ストライキやロックアウトに移行する。仲裁評議会は労働省側5名，使用者代表5名，労働者または労働組合代表5名の合計15名で構成される。各側1名，合計3名で構成される部会が14日以内に聞き取り調査をして決定を下す。その決定は最終的な解決となる。決定がなされた日から有効となる。しかし，その決定が遵守されない場合最高裁判所に送付するかどうかを仲裁評議会の全体会議で決議すれば，最高裁判所に付託し，そこで解決が図られる。さらに，仲裁評議会の決定に不服な当事者も最高裁判所に申し立てることができ，そこで最終の解決が図られる。これは2008年憲法296条(a)(v)の規定と整合している。

仲裁評議会の決定が有効となった日から3カ月たてば，当事者の合意によって決定の内容を変更することが可能となる。

この労働争議調整制度はイギリスの制度とはかけ離れており，ミャンマーでの軍事政権下で展開された労働争議調整を引き継いでいると言えよう。政府の介入によって紛争を処理する仕組みになっている。さらに最終的に解決する仲裁評議会はカンボジアの仲裁委員会（Arbitration Council）を参考にしたことが指摘されている[10]。カンボジアでは2003年労働法によって仲裁委員会が設置されたが，集団紛争を処理する機関となっている[11]。政労使3者からなる委員で構成され，具体的に紛争処理するときには，政労使3者による

---

[10] The Business of a Better World（BSR）ed., *"Labour Disputes in Myanmar : From the Workplace to the Arbitration Council"*, May 2017, p. 12.

[11] Arbitration Council Foundation ed., *The Arbitration Council and the Process For Labour Dispute Resolution in Cambodia*, Third edition, 2010, Kong Phallack, "Cambodian Labour and Employment Law", in Horn Peng, Kong Phallack and Jorg Menzel ed., *Introduction to Cambodian Law*, Konrad Adenauer Stiftung, 2012, pp.285-312.

小委員会が聞き取り調査をして決定をおこなう点は同じである。裁判所に代わる準司法機関として裁判外紛争処理の役割を担っている点も同じである。相違点があるのは，カンボジアでは仲裁評議会が１つであるのに対して，ミャンマーでは州および管区の仲裁機関と，中央の仲裁評議会の２つがある。カンボジアでは政府から切り離された中立機関であるのに対して，ミャンマーでは労働省の監督下に置かれている。

４．2012 年労働争議解決法の運用上の問題点

　本法は，施行されてから約５年間を経過した。その間に生じた運営上の問題点を整理しておこう。

　統計によって取り扱われた事件数を見てみよう。

	2012 年	2013 年	2014 年	2015 年	2016 年
町の調停機関 受理件数 解決件数 （％）	965 908 94％	902 780 86％	852 738 87％	1018 862 85％	1238 1054 85％
州および管区の仲裁 機関 受理件数 命令件数 解決事件数 （％）	57 40 23 40％	105 96 42 34％	88 78 37 32％	120 126 51 33％	154 149 59 32％
仲裁評議会 受理件数	17	54	41	75	90

　（出典）The Business of a Better World ed., Labour Disputes in Myanmar: From the Workplace to the Arbitration Council, 2017, p. 15.

　以上の統計から次のことが言える。取り扱う事件数が次第に上昇している。町の調停機関では比較的紛争処理に成功している。85％の紛争が解決しているからである。それに対して州および管区の仲裁機関では30％ぐらいしか紛争処理に成功していない。これは州および管区の仲裁機関に付託される紛争が解決の難しい紛争を多く含んでいることを反映していると思われ

1 2012年ミャンマー労働争議解決法の改正点

る。決定が出されても約6割が仲裁評議会に付託されている。

　紛争が取り扱われる地域はヤンゴンに集中しており，約8割にも達している。これはヤンゴンやその近郊に生産拠点が集中しているためである。次いでマンダレーで，約1割を占めている。これはミャンマー第二の都市であることを反映している。

　町の調停機関で争われる紛争の原因は，基本賃金，残業手当，諸手当（食事手当や通勤手当も含む）の値上げ，解雇（組合役員の解雇も含む），生産目標達成のための強制的な残業，福利厚生（便所の数や害虫駆除の有無も含む），女性の権利（母性休暇や休暇後の原職復帰，セクハラ）等が挙げられている。これに対して，仲裁評議会では約6割が解雇問題である。特に組合役員の解雇問題が深刻であり，その者の原職復帰や解雇に伴って支払われる手当をめぐる紛争が扱われている。労働者側は組合活動を理由とする解雇であると主張しても，使用者側は別の理由を解雇理由にあげて対立する。さらに最低賃金が発効[12]したことを受けて，新しい賃金制度を導入し，それに基づく契約書の締結を使用者が求めたのに対して，労働者が拒否したことを理由に解雇する事例が増加してきている。労働立法が少なくとも10個は存在するが，それぞれの法律ごとに，適用になる使用者や労働者の定義が異なるために，どの範囲の使用者や労働者が適用にあるかがはっきりしないために，たとえば，下請けの労働者に対して，直接の使用者ではない親会社がどこまで義務を負うのかはっきりしないために紛争が起きている。

　仲裁評議会で争われる紛争を産業別でみると，繊維や縫製業が約6割を占めており，次いで，金属産業，食品加工業，建設業，旅行業，セメント業，輸送業，木材業の順になっており，繊維や縫製業が産業の中心を占めている現状を反映している。

　繊維や縫製業で発生している紛争事件の約6割が外資系企業になっている。この分野にもっとも多くの外資系企業が進出しているためであるが，外国人経営者が言語やコミュニケーション上の問題があって，誤解や理解不足

---

12)　香川孝三「ミャンマーの最低賃金制度」季刊労働法251号130-139頁，2015年。

のために紛争が生じやすくなっているためである。

5．労働争議解決法の改正すべきポイント

(1)　個別紛争と集団紛争の区別

　個別紛争と集団紛争で紛争解決手続を異にしている。しかし，両者の区別が明確ではないことが問題である。たとえば解雇は個別紛争として，町の調停機関で調停にかけられ，そこで解決できない場合，裁判所に付託される。ところが裁判所にいかないで，州および管区の仲裁機関や仲裁評議会に付託される事例がある。裁判所に付託するより，仲裁機関に付託する方が労働者の権利保護に有利になるという意見がある。これは裁判所に付託されれば裁判官によって判断されるが，裁判官は軍事政権のもとで任命されたために，労働者の権利保護に関心をもたず，むしろ労働者の権利を抑制する傾向にあることが指摘されている[13]。イギリスの植民地時代には司法部が強い権限を有していたが，軍事政権時代には逆転して，司法部は弱体化し国軍に支配されている。これに対して，仲裁機関では政労使の委員がかかわっており，労働者側委員が労働者の権利保護に関心を持っており，労働者に有利に働く可能性を持っているからである。つまり，悲惨な状況に置かれた労働者がしばしば見られるために，労働者側に同情する立場に立ち，それを「社会正義」という表現のもとで，労働者に有利に判断する傾向にあるとされている[14]。これは裁判所と比較しての相対的な話であり，労働者に有利にいつも判断されているわけではないと思われる。

　個別紛争と集団紛争の区別が明確でない場合がある。個別紛争は個々の労働者と企業との間の労働関係において生じる紛争であり，集団紛争は労働組合と企業との間の団体交渉や争議行為等をめぐる紛争という区別がなされている。しかし，両者がまじりあって生じる紛争もあって，両者の区別は明確

---

13)　Nick Cheesman, Monique Skidmore and Trevor Wilson ed., *Ruling Myanmar—From Cyclone Nargis to National Elections*, Institute of Southeast Asian Studies, Singapore, 2010, pp.151-152.

14)　BSR, op. cit., p.20.

ではない。このことは日本でも同じである。たとえば，組合活動を理由とする解雇の場合，解雇だけを見れば個別紛争であるが，組合活動を使用者が嫌って解雇した場合，その解雇は組合と使用者との間の紛争であり，集団紛争としても扱われる。事実ミャンマーでは組合活動を理由とする解雇が仲裁評議会で扱われている。そのために，労働争議解決法を修正して，個別紛争についても，仲裁機関が聞き取り調査をできるようにすべきことをミャンマー労働省は主張している。

(2)　仲裁決定の履行

　仲裁機関の決定の履行の確保が重大な問題である。労働争議解決法の中にそれに関連する規定を設けていない。仲裁評議会で，解雇問題についての決定で，解雇された労働者を復職させる決定が出されても，使用者がそれを遵守しない場合，労働省が裁判所に提訴し，裁判所が罰金を命じる。罰金の最高額は100万キャット（約740ドル）である。問題はこの手続には時間がかかるので，使用者側はあえて遵守しないで裁判所の決定まで時間稼ぎをして，労働者が復職をあきらめるのを待つという戦略がとられる。さらに罰金額は比較的に低いので，抑止効果が弱い。使用者側は，トラブルメーカーである労働者や組合役員である労働者を復職させるより罰金を払う方を選択する場合もある[15]。こうなると仲裁評議会の決定内容が実施されないという問題によって，組合活動を妨害するという問題が生じてくる。これを避けるために罰金額を引きあげる，さらに禁固刑に処するという提案がなされている。この提案は2014年に労働争議解決法の改正案を作成する段階で取り入れられたが，使用者側の反対で取りやめになったことがある。

(3)　委員の公平な選任手続

　調停機関や仲裁機関の政労使3者の委員の選任方法が問題となっている。委員の任期は2年なので，2年毎に選任手続が必要になる。再任されることは可能であるが，その手続が必要である。選任手続についてのガイダンスは出されていない。35歳以上であって，法律や労働に係る仕事の経験がある

---

15)　BSR, op. cit., p.21.

5．労働争議解決法の改正すべきポイント

こと，良い性格の人であって，労使に公平な立場で判断できる人が選ばれることになっている。

仲裁評議会の使用者側委員5名は，ミャンマー商工会議所連盟によって指名される。この商工会議所連盟内での協議会で検討して選ばれる。

労働者側委員5名の選任に問題がある。選挙によって選ぶことになっているが，選挙権者と被選挙権者をどのように決めるのかが問題となる。どの労働組合に投票させるのか，どの労働組合に立候補者を決めさせるのかが重大な問題となる。選挙権を持つ労働組合に集まってもらって会議を開催して，そこで5名の委員を決めるという手続が採用されている。会議に参加する労働組合にどう呼びかけるのか明確ではない。

2017年4月段階で登録労働組織は2414ある。基礎労働組織は2261，町レベルの労働組織は125，州および管区レベルは19，連合体が8，全国労働組合組織は1である[16]。これらは2011年労働組織法に定める強制登録制度によって登録された労働組合である[17]。基礎労働組合は企業や事業所を基盤として結成（one-shop union とか house union と英語で表現されている）されており，日本の企業内組合と同じであり，イギリスの産業別組合とは異なる。労働組合は結成されはじめて5-6年しかたっていないために，組織力は弱い。推定組織率は1%にも満たない初期の労働組合運動の状況にある。全国組織として CTUM（Confederation of Trade Unions in Myanmar）が登録されている[18]が，すべての基礎労働組織が加入しているわけではない。したがって，CTUM を労働組合の代表として，そこに加盟している組合からのみ委

---

16) BSR, op. cit., p. 5.

17) 2011年労働組織法については，香川孝三「ミャンマー（ビルマ）における労働組合法の意義」季刊労働法 238 号，148-158 頁，2012 年。

18) CTUM はミャンマーで初めて全国組織としての登録が認められた。中嶋滋「ミャンマーに民主的ナショナルセンター誕生──政府登録組合の過半数を結集」（ミャンマー便り 18）労働調査 2015 年 1 月，48-49 頁。国際労働総連合（ITUC）がヤンゴンに事務所を 2012 年末に設置し，CTUM の前身である FTUB を支援し，3 年間にわたってミャンマーでの組合結成の支援をおこなった。その所長に連合の総合国際局長や ILO の労働者側理事を歴任していた中嶋滋氏が就任した。日本の連合はそれ以前にもミャンマーン民主化を促進するために，「ビルマ支援室」を連合の建物の中に設置していたこともあって，連合は CTUM の活動を現在も支援している。

員を出すことはできない。しかし，登録された全国労働組合組織はCTUMだけであり，多くの委員がCTUM加盟組合から選ばれるのが穏当であろう。今後，全国労働組合組織として登録される組合が生まれてくれば，状況が変わってくるであろう。

そこで，委員を選任するための会議日を労働省が設定して，それに参加した労働組合によって委員を選任するという手続を採用している。会議日を公表しても，それを知らない労働組合が出てきて，民主的な手続で選ばれた委員ではないという苦情が寄せられる。登録組合は労働省が把握しているはずであり，そこには会議日に召集をかけることは可能なはずである。したがって，会議日を知らない労働組合は，登録申請中か，まだ登録手続をしていない組合であると思われる。2016年の選出手続の際に，会議に招待された組合や投票を認められた組合に問題があるとして，会議に出席を拒否して，投票の結果に反対した組合がいたために，新しい委員の任命を延期したという事態が発生した。

そこで労働者側委員の選任についてのルールを規則に定めておくことが必要になっている。透明性の高い手続を制定しておくことが必要となる。今後，労働組合の結成状況いかんによっては，CTUM以外の全国労働組合組織が登録される可能性もあり，委員の選任手続で混乱を引きおこす可能性もあるからである。

(4) 委員の資質

委員の資格は以下のようになっている。町の調停機関では，21歳以上で，労働問題に経験を有し，良い性格の者でなければならない。州および管区の仲裁機関では，25歳以上で，仕事の経験があって，良い性格の者でなければならない。仲裁評議会では，35歳以上で，関連する仕事の経験を有し，良い性格の者でなければならない。さらに使用者や労働者の利益を公平に取り扱うことができる者でなければならない。政府職員や使用者団体や労働組合の雇用する職員は望ましくないし，過去12か月間使用者団体や労働組合の執行役員であった者も望ましくないとされている。

5．労働争議解決法の改正すべきポイント

　良い性格（good character）の者はなにを意味するのか。ミャンマー人としての常識を持っている人という意味に解されている。しかし，具体的に選任された委員が「良い性格の者」と判定するのはどうするのであろうか。委員となれない欠格事由とする基準としては抽象的で分かりにくい。

　過去12か月間に使用者団体や労働組合の執行役員であったものは避けるルールを打ち出している。絶対に執行委員は委員になれないということはないが，執行役員を退任した者から選任される傾向にならざるをえない。

　委員は別に仕事を持っていて，パートタイマーとして争議調整のために働く場合が多い。ヤンゴン仲裁機関では付託される紛争が多いので，実質的に争議調整の仕事に専念せざるをえない状況になる。紛争件数の少ない地方では，パートターマーとして仕事をおこなうことは可能であろう。定年退職した労働者や使用者ならば年金を受給しつつ，争議調整の仕事をほぼ専念しておこなうことが可能となる。

　政府側の委員であるが，これは労働省内で選任されるが，高級官僚から選任される傾向にある。ということは国軍出身者が委員に選ばれる可能性が高い。現役でなくても，元軍人であった者が委員に含まれる。民政に移行しても，軍人や退役軍人は今も省庁の重要なポストについており，そこを退職した者が委員に選任されるからである。調停や仲裁手続において，政府側委員は決定内容を決める際に力を発揮しているために，だれが政府側委員になるかは重要なポイント点である。民主化が進んでいるとしても，まだまだ国軍は政治経済社会のあらゆる分野において，無視できない力を有している。しかし，このことと，先に述べた調停や仲裁による解決の際に労働者寄りの決定がなされることと，どう整合するのかは今後検討すべき課題である。

　委員として仕事を実施するに際して，紛争処理をおこなうための訓練が不可欠であるが，それをどのように行っているのか。新しく委員に選任されたときに，どのような訓練がなされているのかが問題となる。全国の3段階の紛争処理機関には約400名にもなる委員がおり，それらの委員が力を発揮できるための訓練制度が必要となる。ミャンマー労働省は委員に対して訓練を実施しているが，それだけでなく，ILOやアメリカ連邦仲裁調停機関（U.S.

Federal Mediation and Conciliation Services) が協力している[19]。これは日本も協力することができる分野であろう。

(5) 効率的な紛争処理

労働争議解決法によれば，4つの段階での処理日数が現実離れしているほど，短い日数で処理することが求められている。解決するための期間は，職場合同委員会では5日，町の調停機関では3日，州およぶ管区の仲裁機関では7日，仲裁評議会では14日という短さである。

早期に紛争を解決することは重要であろう。紛争が長引いてストライキやロックアウトが発生すれば，生産性が低下していき，経済発展にマイナスになるからである。しかし，紛争内容によっては早期に解決することが困難な場合がありうる。そのことを無視して，一律に早期な解決を求めている。仲裁評議会は7日以内の処理のために，聞き取り調査は1日だけ，あと1-2日かけて決定内容を決めている。それ以外の機関では，法律の規制を事実上無視して手続が進められている。

紛争が多く付託されると委員の数に限りがあり，早期に処理することは不可能になる。そこで1年あるいは2年以上かけて処理している実態がある。事件が集中しているヤンゴンでは特にそうである。さらに，使用者側の戦略であえて処理を遅らせる場合もある。解決に時間がかかると，労働者側が早く金銭が欲しいために，低い額でも示談に応じるためである。

紛争処理機関として職場合同委員会，調停（Conciliation）と仲裁（Arbitration）の3種類がある。それぞれの具体的な処理の仕方についてのルールは定められていない。これは定めておくことが必要であろう。

職場合同委員会では，職場における団体交渉によって紛争を防止することを目指している。使用者に正当な理由なく交渉を拒否することを禁止し，交渉の努力を怠ってはならない。つまり，使用者側に交渉義務を課している。

調停手続で，関係当事者の出頭を求めて，聞き取り調査を実施して，対立する論点を整理して，調停案を作成して，関係当事者にそれを示し，受諾を

---

19) BDR, op. cit., p.25.

勧告する。受諾するかどうかは当事者の自由であり，当事者が受諾の有無を
回答することによって手続は終了する。ミャンマーでは，この調停手続中に
個別紛争か集団紛争かの区別を示さなければならない。この後の手続が変
わってくるからである。

　仲裁手続では集団紛争を取り扱うが，関係当事者の出頭を求めて，聞き取
り調査を実施して，対立する論点を整理して，仲裁案を作成する。調停手続
中に解決できなかったことについての意見とともに報告が上がってくるの
で，その報告も参考に仲裁案を作成する。それを関係当事者に示し，それを
受諾するように勧告する。日本では仲裁案は関係当事者を拘束する効力が認
められるので，それで最終的に解決されるが，ミャンマーではそうではな
い。仲裁案を受諾するかどうかは関係当事者の自由である。受諾されない場
合は最高裁に付託して，そこで最終的に解決されることになる。仲裁の意味
がミャンマーと日本で違ってきている。

⑹　事務局体制

　争議調整をおこなう機関に事務局が設置されている。そこには労働省の職
員が勤務している。仲裁評議会の事務局長は労働省の労働争議局長が兼ねて
いるが，彼はネピドーに住んでいるために，十分委員の支援ができない場合
がある。ヤンゴンに紛争が集中しているために，ヤンゴンで仲裁手続を実施
することが多いためである。中央官庁がネピドーに移転したために，このよ
うな問題が生じている。

　委員はパートタイマーである場合が多いために，法律が求める期間内に紛
争を処理しようと思えば，事務局の支援がなければならない。そのために事
務局の職員の数の問題だけでなく，職員の質の向上に努める必要性がある。

　州および管区の仲裁機関と仲裁評議会での決定内容は労働省のウエブサイ
ドに公開されている。この公開は，類似の紛争がおこれば，どのように処理
されているかがわかるというメリットがある。2016 年 1 月段階で，州およ
び管区の仲裁機関の決定は 252 件，仲裁評議会の決定は 151 件が公開されて
いる。事務局によってウエブサイドに掲載する作業がおこなわれている。こ

れはビルマ語による公開なので，外国人にはアクセスしても読めない状態である。カンボジアでは仲裁内容はクメール語だけでなく，英語に翻訳されて公開されている。英語への翻訳はアメリカの支援（USAid）によって可能となっている[20]。ミャンマーでは，まだ英語に翻訳する作業はなされていない。英訳がされていれば，紛争の多い外資系企業にとってはメリットがあると言えよう。1962年のネウイン政権の成立以来，一国社会主義実現のために，外国の影響を排除するために，英語の使用は制限されてきた。それまで判決は英語で書かれてきたし，法律も英語で書かれてきたが，それがビルマ語に変更になったために，外国人の苦労が増えた。しかし，最近ミャンマーへの法整備支援が先進国や国際機関が実施しはじめてきて，英語の必要性が高まってきているし，経済発展のために外資が導入されてきていることも英語の必要性を高めている。

6．まとめ

2012年労働争議解決法は民政移管後に成立したが，その内容は1962年成立のネウイン政権や1988年からの軍事政権のもとで作り上げられてきた労働争議処理の仕組みが取り込まれてきている。イギリスの植民地時代に適用になった1929年労働争議法はイギリスの紛争処理手続が取り込まれているが，その後の改正でミャンマーの現状に合わせた仕組みへと変わってきている。それは労使紛争を主に労使交渉によって処理していくイギリスの任意主義から，政府の役割や介入によって労使紛争を処理していく方式への転換であった。

軍事政権時代には，軍人が政府の職員に天下っていき，労働省の高い地位の職員となっている場合が多い。その職員が労働争議の解決のための政府側

20）　カンボジアでは英文の裁定が公表されている。Kingdom of Cambodia, The Arbitration Council ed., *Compilation of Arbitral Awards and Orders*, volume 1 (May-December 2003)-volume 11 (July-December 2008)。出版物のほかに Arbitration Council のウエッブサイトにクメール語と英語の裁定が公表されている。英語への翻訳に時間がかかるために，クメール語による公表より遅くなっている。http://www.arbitrationciouncil.org/en/ac-decisions

6. ま と め

委員となって，紛争処理の指導力を発揮している。この状況は民政に移管したあとも続いている。民政に移管しても軍政時代に作り上げられた仕組みを変えてしまうことは困難であるからである。しかし，従来には見られなかった三者主義が導入されており，労働者代表委員がどこまで活躍できるかが労働争議解決のカギを握る可能性がある。

労働争議解決法は施行後5年を経過して，法律の修正の必要な問題点や運用上の問題が明らかになってきている。個別紛争と集団紛争の区別の不明確さ，制度上短い期間での紛争処理日数が実態とあっていないこと，政労使代表の委員の選出方法をどうするのか。特に労働者代表委員の選出方法をどうするのか。約50年間結成が禁止されていた労働組合の結成が始まった段階で，どうようにして労働者代表を選出するか。事務局体制の強化をどうするのか。調停や仲裁で解決された内容の公表をどう確保するのか，特に海外から進出してきた企業にとっては，英語で公表されることが便利であり，それをどうすればいいのか等々の問題がある。

これらの問題に，ILO とともに，日本側の協力が期待されている。日本の厚生労働省から JICA 長期専門家としてミャンマー労働省に労働政策顧問として派遣されており，その活躍が期待されている。

法政策学の試み〔法政策研究 第18集〕

2 イギリス貴族院における制定法文書の審査権限
──タックス・クレジット削減規則案の不承認を事例に──

武 蔵 勝 宏

──────【要　旨】──────

　本論文は，2015 年のイギリス議会において，貴族院が不承認とした政府
提出の制定法文書であるタックス・クレジット削減規則案──Tax Credits
(Income Thresholds and Determination of Rates)(Amendment) Regulations
2015──の議会審議過程を分析し，議会制定法と異なる制定法文書に関する
貴族院の審査権限とそのプロセスについて考察を行うことを目的とする。

　分析の結果，貴族院がタックス・クレジット削減規則案を不承認としたの
は，その内容が低所得層に対して収入減少をもたらすということに加えて，
野党の労働党の執行部の交代による左傾化，自由党の強硬姿勢，クロスベン
チの議員の分裂などが政府敗北の原因と考えられる。また，同規則案は，制
定法文書として提出されたが，貴族院の不承認は，政府側が主張するような
庶民院の財政特権やソールズベリー慣行などの憲法的慣行に対する違反に該
当するとはいえない。つまり，本事例は，貴族院の制定法文書に関する権限
や慣行に基づく手続きの不透明性を原因とする法的な不備の上に派生した与
野党間の政治的な問題であったことを示す。そのうえで，政府側から提起さ
れた制定法文書に関する貴族院の権限を縮小する改革案に対して，貴族院が
拒否権を有する現行の承認型手続を見直し，授権法において，委任立法の必
要性，緊急性に基づいて，否認型手続の選択や，審議期間に一定の期限を付
して庶民院の優越を規定する両院間の調整メスニズムの手続きを検討するこ
とが必要であることを指摘し，本論文の結論とする。

1．は じ め に

　委任立法は，行政国家化の進展に伴い，各国の立法過程において，議会制
定法に代替する重要な役割を占めるようになっている。立法の委任とは，立

2 イギリス貴族院における制定法文書の審査権限

法機関がその権能に本来所属する事項を自ら決定せず，立法機関の授権によって行政機関に決定を委ねることを意味し，その必要性の理由としては，日本では，①専門的・技術的事項に関する立法や，②事情の変化に即応して機敏に適応することを要する事項に関する立法の要求が増加し，また，③地方的な特殊事情に関する立法や，④政治の力が大きく働く国会が全面的に処理するのに不適切な，客観的公正のとくに望まれる立法の必要が増加したことが指摘されてきた[1]。

　日本以上に行政立法への権限の委任が進んでいるイギリスでも，行政国家化に伴い，委任立法は年間 100 件にも満たない議会制定法を凌駕し，毎年 3000 件前後の規模に達している。しかも，ヘンリー 8 世条項[2]により，制定法文書によって実質的に議会制定法の改正を行うものもあり（ただし，議会制定法の委任に根拠を置く），政府が議会制定法よりも，議会の統制がより緩やかな制定法文書を通じて，政策の変更，施行を行うことが今日では一般化している[3]。こうした委任立法の統制については，議会による統制の他に伝統的な統制方法としての裁判的統制があり，裁判所は授権法との関係で委任立法の権限逸脱の有無を審査し，逸脱の場合は無効とする権限を有する。しかし，この裁判所による司法統制も，実際には，過度に広範な立法権委任の慣習によって十分に機能しえていないとされてきた[4]。こうした行政権の肥大化に対する懸念から議会による委任立法の統制が 1946 年制定法文書法（Statutory Instruments Act 1946）によって制度化され，議会の審査権限を強化しながら現在に至っているのである。

1) 芦部信喜・高橋和之補訂『憲法〔第 6 版〕』（岩波書店，2015 年）298 頁。
2) 1539 年布告法（Statute of Proclamations 1539）に基づき，当時の国王ヘンリー 8 世が布告により法律を制定する権限を付与されたことに由来してこのような通称が付されている（古賀豪「英国の政府提出法案の立案過程──英国内閣府の『立法の手引き』──」レファレンス 731 号（2011 年）100 頁）。現代においても既存の関係法律との調整という名目のもとに実質的に議会制定法を修正する権限を付与する事例があるとされる（上村貞美「議会による委任立法の統制」香川法学 5 巻 2 号（1985 年）82 頁）。
3) Robert Rogers and Rhodri Walters, *How Parliament Works*, 7th ed., Routledge, 2015, p.224.
4) 田中祥貴『委任立法と議会』（日本評論社，2012 年）207 頁。

1．はじめに

　このようにイギリスの制定法文書（Statutory Instrument）は，一次立法である議会制定法による立法権委任に基づき，その権限委任の範囲内で政府が制定する法規範であり，広く二次立法と称され，Order in Council（枢密院令），Order（執行命令），Rule（手続規則），Regulation（実体規則）などが該当する。

　制定法文書の議会による審査手続には，両議院による承認の議決があることを条件として当該制定法文書が制定され，またはその効力を生じる承認型手続（Affirmative Resolution Procedure）と，提出後 40 日以内に，いずれかの議院による不承認の議決がない限り，当該制定法文書が制定され，または，その効力を生じる否認型手続（Negative Resolution Procedure）がある[5]。庶民院に提出される承認型手続の件数は年間 200 件程度で，全体の約 8 割は否認型手続が占めている[6]。政府にとって承認型手続は両議院の承認が必要であり，他方で，議会にとっても審査の負担の軽減になることが，否認型手続が大半である理由とされる[7]。

　両手続とも，税制に関する制定法文書の場合は，庶民院のみが審査権を有し，貴族院に審査権はない[8]。また，制定法文書の審査に際して，議会は当該制定法文書を修正することはできず，一括しての承認決議または否認決議しか認められない（ただし，決議案に付帯条件を添えることは可能とされる）。しかし，実際には，議会は，制定法文書に関する動議を可決することによって大臣に再提出をさせ，事実上の修正を行うことも可能である。制定法文書に関する貴族院の投票で政府が敗北した事例が 1968 年以降で 5 件が該当するのに対して[9]，庶民院では 1969 年の 1 件しかない。単独内閣での与党が多

5）　Statutory Instruments Act 1946, s.5.

6）　Lord Strathclyde, *Strathclyde Review: Secondary Legislation and the Primacy of the House of Commons*, December 2015 Cm9177, p.27. https://www.gov.uk/government/uploads/system/uploads/attachment_data/file/486790/53088_Cm_9177_Web_Accessible.pdf (accessed 10 March 2017).

7）　田中・前掲注4)212 頁。

8）　Sir Malcolm Jack ed., *Erskine May's Treatise on the Law, Privileges, Proceedings and Usage of Parliament*, 24th ed., LexisNexis, 2011, p.672.

9）　南ローデシア国連制裁令（1968 年），大ロンドン市選挙規則（2000 年），大ロンド

2 イギリス貴族院における制定法文書の審査権限

数を占める庶民院と異なり，貴族院では，与党が過半数を有しない「ねじれ」が生じることがその要因である。また，貴族院では，制定法文書に関して二次立法審査委員会（Secondary Legislation Scrutiny Committee）で実体審査を行っており，制定法文書の内，特別の関心事項については，貴族院に注意喚起を行ったうえで，本会議の審議に付すこととしている[10]。このように，貴族院はイギリスの議会において，委任立法の審査に重要な役割を有している。実際にも，貴族院での否決が想定される場合には，政府側が撤回して修正案を再提出することがしばしば生じており，そうした調整が失敗した場合に，貴族院での制定法文書の否決が起こっているとの分析もある[11]。

　そこで，本稿では，こうした貴族院が制定法文書の審査において有する権限を検証するために，制定法文書を実質的に不承認とした直近の事例として，2015年10月26日に貴族院が拒否したタックス・クレジット削減規則案（Tax Credits (Income Thresholds and Determination of Rates) (Amendment) Regulations 2015）を取り上げることとする。

　タックス・クレジット削減規則案は，財政事項に関連する制定法文書であり，貴族院による事実上の否決が憲法的慣行違反との批判が政府・保守党から提起された。しかし，結局，政府はこの貴族院の抵抗を受けて，11月25日の秋季財政演説（予算案の修正）において同規則案を撤回することを表明することとなった。イギリス議会では，これまで貴族院は庶民院の決定に対して廃案ではなく，見直しをする修正の院として位置づけられてきた。にもかかわらず，貴族院がなぜタックス・クレジットの削減に反対し，その成立を阻んだのか。本論文では，その要因を庶民院と貴族院の制定法文書の審査に関する仕組みと与党が多数を占める庶民院と少数の貴族院の構造ととも

　　ン市選挙活動資金令（2002年），カジノ場免許地理区分令（2007年），司法援助アクセス令（2012年）が該当する（Rogers and Walters, *supra* note 3, at 228-229）。

10)　河島太朗「イギリス議会における行政監視」外国の立法255号（2013年）61-62頁。

11)　Meg Russell, *The Lords and Tax Credits: Fact and Myth*, Constitution Unit Blog, 2015, https://constitution-unit.com/2015/10/22/the-lords-and-tax-credits-fact-and-myth/ (accessed 10 March 2017).

に，各会派間・内の思惑による政治的相互作用の分析によって明らかにする。そのうえで，イギリス貴族院の制定法文書に関する権限と手続きのあり方について考察を行うこととする。

2．タックス・クレジット削減規則案の提案前段階

そもそもタックス・クレジットが導入されたのは，ブレア労働党政権下の2003年である。ブレア政権が導入したタックス・クレジットは，所得が一定基準を下回る場合や家庭の状況に応じて税務当局が現金を給付する所得保障の一種で，就労タックス・クレジット（低所得世帯が対象，一定の就労が条件）と児童タックス・クレジット（子供のいる低所得の世帯が対象，就労または未就労を含む）が該当する。これに対し，2012年に保守・自民党連立政権が制定した福祉改革法によって，低所得者向けの複数の給付制度が2013年10月以降，2017年度までに単一の普遍的給付（ユニバーサル・クレジット）に統合されることとなった。このユニバーサル・クレジットには，所得補助，求職者給付，就労・支援給付，住宅給付とともに，就労タックス・クレジットと児童タックス・クレジットも統合される[12]。

2015年5月の総選挙に際して，保守党はマニフェストで，全国最低賃金（National Minimum Wage）を2015年秋までに6.7ポンドに引き上げるとする一方，就労年齢層向けの社会保障給付額を2016年4月から2年間凍結する（障害者及び年金受給者向け給付を除く）ことや，世帯当たり社会保障給付額の上限を年間2万6000ポンドから2万3000ポンドへ引き下げること等をうたっていた[13]。総選挙での保守党の単独過半数を受けて，連立政権を解消した保守党政権は，同年7月8日，ジョージ・オズボーン財務大臣が2015年度夏季予算を公表し，その中で，全国生活賃金制度（National Living Wage）を導入し，25歳以上の被用者に対し全国最低賃金の割増を雇用者に

---

12) 井上恒男『英国社会保障政策の潮流』（ミネルヴァ書房，2014年）97頁。

13) Conservatives, *The Conservative Party Manifesto 2015*, 2015. https://s3-eu-west-1.amazonaws.com/manifesto2015/ConservativeManifesto2015.pdf（accessed 10 March 2017).

義務付ける[14]とともに，事業整理の一環として，就業年齢層向けの各種給付を4年間改定凍結，世帯当たり給付支給総額の上限引き下げ，タックス・クレジット，住宅給付等の削減によって，120億ポンド相当の社会保障給付の予算削減を行うことを明記した[15]。オズボーン財務大臣は，この予算案を「低賃金，高課税，高給付」から「より高い賃金，より低い税，より低い給付」への転換を図るものと位置づけた。これを受け，政府は，7月9日に福祉改革・労働法案（Welfare Reform and Work Bill）を提出した。

　同法案は，完全な雇用のための300万人分の就労学習機会，機能不全家族等の支援プログラムの進捗について報告義務を国務大臣に課し，2010年児童貧困法の目標達成義務を含めた主要規定を全廃し，非就労家庭の児童および10-11歳の児童の教育成果に関するデータについての報告義務を国務大臣に課すとした。他方で，2015年度夏季予算で示した120億ポンド相当の社会保障給付削減のため，世帯当たり各種社会保障給付上限額の年間2万6000ポンドから2万ポンド（ロンドン市内は2万3000ポンド）への引き下げ，所得補助，求職者給付，就労・支援給付，住宅給付，ユニバーサル・クレジット，タックス・クレジット，児童給付を含む各種社会保障給付の改定を2016-17年度から4年間凍結する（障害者及び年金受給者向け給付を除く）。さらに児童タックス・クレジット（ユニバーサル・クレジット含む）の給付を2017年4月以降の出生と新申請から子供2人までに制限し，児童タックス・クレジット（ユニバーサル・クレジット含む）の年額545ポンドまでの基本給付額（family elements）を2017年4月以降の新申請から廃止するとしていた[16]。なお，タックス・クレジットの給付資格の制限等の措置は，

---

14)　2015年度夏季予算では，2016年4月施行の全国生活賃金制度により，全国最低賃金が時給7.2ポンドに，2020年までに9ポンド以上に上昇し，平均収入の60%を達成するとして，2015-16年度に比較して，全国最低賃金を受けている者の年間総賃金が3分の1（5200ポンド）増加することが見込まれると表明された。

15)　George Osborne, *Summer Budget 2015 by the HM Treasury and The Rt Hon George Osborne MP*, 2015. https://www.gov.uk/government/publications/summer-budget-2015/summer-budget-2015（accessed 10 March 2017）.

16)　Welfare Reform and Work Bill Explanatory Notes（HC Bill 51）9 July 2015. http://www.publications.parliament.uk/pa/bills/cbill/2015-2016/0051/en/16051en.

この法案では規定されず，政府は別途，二次立法で導入することとなった。この法案の狙いは，社会保障の給付引き締めで受給者の就労を促進するとともに，自民党との連立政権時代と比べて，保守党色の強い財政緊縮策を反映したものであった。

3．庶民院での福祉改革・労働法案の審議

庶民院は，7月20日に第二読会を行い，法案提出者のイアン・ダンカンスミス雇用・年金大臣と労働党のスティーブン・ティムズ影の雇用・年金大臣を中心に討論が行われた。この法案審議に先立って，労働党内では，総選挙での敗北を受けて，福祉の削減にも真剣に考慮している姿勢を有権者に示すために，法案の阻止ではなく，委員会段階での部分的修正をはかるとする方針をハリエット・ハーマン党首代理が示していた[17]。しかし，党内では，左派系議員を中心に法案への反対が強く，ヘレン・グッドマン議員が党首代理の同意を得ずに提出した法案成立に反対する修正動議に40人の議員が支持する意向を示した[18]。そのため，ハーマン党首代理は，反対派に配慮して，法案の中の児童貧困目標達成義務の廃止と就労・支援給付（Employment and Support Allowance）の凍結について反対する修正動議を出したが，与党保守党の反対で賛成208対反対308で否決された[19]。続く政府案の採決では，政府案に対して棄権するとのハーマン党首代理の決定にも関わらず，党首選挙の候補者として注目を浴びていた最左派のジェレミー・コービン議員らが主導する形で，47名の議員が反対票を投じ，党内が分裂する事態に至った。政府案は，与党が庶民院の過半数（650議席中333議席）を占めていることにより，賛成308票（保守党307，UKIP1），反対124票で可決され，公法案委員会に付託された。

---

pdf（accessed 10 March 2017）.

17）　Patrick Wintour, Anger after Harriet Harman says Labour will not vote against welfare bill, *The Guardian*, 12 July, 2015.

18）　Frances Perraudin, Labour MP tables motion to reject welfare bill without leader's consent, *The Guardian*, 16 July, 2015.

19）　House of Commons Hansard, 20 July 2015.

2 イギリス貴族院における制定法文書の審査権限

公法案委員会では，9月10日から10月20日にかけて合計11回の審議が行われ，野党の労働党およびスコットランド国民党から，社会保障給付の4年間の凍結や児童タックス・クレジットを子供2人までに制限する等の各条項を削除する修正案が提出されたが，いずれも与党の反対で否決された[20]。その後，報告段階，第3読会を経て，10月27日に庶民院を通過するが，同法案の審議と並行して，9月7日に政府側から発表されたタックス・クレジット削減規則案が，貴族院の審議において，争点化することとなった。このタックス・クレジット削減規則案は，法律案ではなく，制定法文書として提出された。

表1 社会保障給付削減案の内容

内容＼件名	福祉改革・労働法案	タックス・クレジット削減規則案
法形式	法律	制定法文書
社会保障給付の上限	就労者のいない世帯に与えられる給付金の上限を年間2万6000ポンドから2万ポンド，ロンドン市内は2万3000ポンドに引き下げる。	
児童タックス・クレジット（ユニバーサル・クレジット含む）	2017年4月以降の出生と新申請から給付を子供2人までに制限する。児童タックス・クレジットの年額545ポンドまでの基本給付額を2017年4月以降の新申請から廃止する。	満額給付のための所得の閾値を年1万6105ポンドから1万2125ポンドに引き下げる。タックス・クレジット給付額の減額のために申請が必要な所得増加の範囲を年5000ポンドから2500ポンドに引き下げる。所得増加とともに給付額が減額される割合（引き下げ率）を41%から48%に増やす。
就労タックス・クレジット（ユニバーサル・クレジット含む）		満額給付のための所得の閾値を2016年4月から年6420ポンドから3850ポンドに引き下げる。タックス・クレジット給付額の減額のために申請が必要な所得増

---

20) House of Commons Library, *Welfare Reform and Work Bill 2015-16 Committee Stage Report*, 26 October 2015. http://researchbriefings.parliament.uk/ResearchBriefing/Summary/CBP-7352 (accessed 10 March 2017).

		加の範囲を年 5000 ポンドから 2500 ポンドに引き下げる。所得増加とともに給付額が減額される割合（引き下げ率）を 41% から 48% に増やす。
各種社会保障給付改定	所得補助，求職者給付，就労・支援給付，住宅給付，ユニバーサル・クレジット，タックス・クレジット，児童給付を含む各種社会保障給付の改定を 4 年間凍結する（障害者及び年金受給者向け給付を除く）	
社会保障給付削減	2019 年度までに合計で 120 億ポンド削減	2016－17 年度に 44 億ポンドの削減

4．タックス・クレジット削減規則案の両議院での審議

　制定法文書は，その制定権限を付与した授権法の規定に従って，議会の両議院または庶民院への提出手続に付されることとなる。タックス・クレジット削減規則案は，授権法である Tax Credits Act 2002 によって財務省に委任された制定法文書であり，同法 66 条では，両議院の承認を発効要件とする承認型手続が必要とされていた。この承認型手続には，①制定法文書案について承認を得る制定法文書案承認型，②制定法文書の制定後にその承認を得る制定法文書承認型，③制定法文書の制定後一定の期限までにその承認が必要な期限付制定法文書承認型の 3 種類がある。①が原則であり，②③は緊急の場合にのみ用いられる。先例上，承認型手続は，主として，議会制定法を改める制定法文書，増税または新規課税を定める制定法文書または重大な罪を定める制定法文書等の特に重要な制定法文書を制定する場合に限られ，庶民院が承認した制定法文書（案）については，非公選の貴族院は，自己抑制が働き，そのほとんどが承認されてきた[21]。

　タックス・クレジット削減規則案は，上記の制定法文書案承認型であり，税額控除の給付資格の制限等の措置を行うことをその内容としていた。同案

21）　河島・前掲注10）60-61 頁。

の内容は，就労タックス・クレジットの満額給付のための所得の閾値を2016年4月より年6420ポンドから3850ポンドに引き下げ，同様に，児童タックス・クレジットの満額給付のための所得の閾値を年1万6105ポンドから1万2125ポンドに引き下げること，そして，タックス・クレジット給付額の減額のために申請が必要な所得増加の範囲を年5000ポンドから2500ポンドに引き下げ，所得増加とともに給付額が減額される割合（引き下げ率）を41%から48%に増やすことを提案するものであった[22]。同案の施行によって，タックス・クレジットは，2016-17年度に44億ポンドの削減になるとされた。同案は，すでに9月15日に庶民院によって承認されており，貴族院での承認が発効のために必要だった。労働党は，直近の9月12日の党首選でコービン候補が勝利したことにより，左派色が強くなり，7月20日の福祉改革・労働法案の採決での棄権とは異なり，反対票を投じることで態度を統一した。庶民院の討論では，シーマ・マルホトラ影の大蔵首席政務次官からタックス・クレジットの削減が現行の受給世帯に打撃を与えるとして保守党議員も含めた反対への呼びかけがなされた。また，庶民院雇用年金委員長のフランク・フィールド議員（労働党）からは，政府の削減案によって年間で1300ポンドもの低所得労働者の世帯収入の減少につながるとの懸念が表明された[23]。本会議の採決では，労働党の214名全員がタックス・クレジット削減規則案に反対票を投じたが，保守党323名，UKIP1名，無所属1名が賛成し，賛成325，反対290（内，保守党議員2名含む）で承認された。

ところで，こうした制定法文書に関する議会の審査の中心は，本会議よりも，専門技術性や迅速性，機動性の観点から委員会で行われる。両議院の制定法文書に中心的な役割を果たしているのは，委任立法事項が授権法の委任の範囲内で適正に行使されているかを技術的な観点から審査を行う両院合同

---

22) The Tax Credits (Income Thresholds and Determination of Rates) (Amendment) Regulations 2015, the National Archives. http://www.legislation. gov.uk/ukdsi/2015/9780111138946 (accessed 10 March 2017).

23) House of Commons Hansard, 15 September 2015.

4．タックス・クレジット削減規則案の両議院での審議

の制定法文書合同委員会（Joint Committee on Statutory Instruments）と委任立法の政策的な実体審査を行う貴族院の二次立法審査委員会である[24]。特に，貴族院二次立法審査委員会では，政策助言者としての職員の補佐を受けながら，制定法文書が政治的または法的に重要であるか，もしくは貴族院の関心事項となる見込みのある国政課題を提起するものであるか，制定法文書が政策目的を十分に達成することができないおそれはないか等の基準により，年間1000件を超える制定法文書の実体審査をおこない，必要に応じ，貴族院に対する注意喚起を行っている[25]。

　タックス・クレジット削減規則案については，民間の財政研究所（Institute for Fiscal Studies）から2015年度夏季予算と合わせたタックス・クレジット削減の家計に及ぼす試算が公表され[26]，独立機関である社会保障諮問委員会（Social Security Advisory Committee）からも政府側の情報提供の不足につい

24）　庶民院にも委任立法の実体審査を行う委任立法委員会（Delegated Legislation Committee）があるが，同委員会で実際に審議される制定法文書は全体の10%程度にすぎないとされる（田中・前掲注4)219頁）。

25）　河島・前掲注10)61-62頁。なお，2006年立法・規制改革法の成立に伴い，課税・刑罰法規を除いて，規制緩和を目的にあらゆる議会制定法を命令によって改廃できる権限が政府に授権されることとなった。この法律に対する議会統制の強化策として，重要な委任事項に関して議会が事前法案審査手続に類似した委員会での2段階審査の後，両院の承認決議を必要とする特別承認手続という新たな審査手続が導入され，庶民院に規制改革委員会，貴族院に委任改革・規制改革委員会が設置された。特に，この貴族院委任改革・規制改革委員会は，大臣の立法規制改革令に関わる技術的・実体的審査にとどまらず，議会が制定する一次立法についても不適切に過度な立法権委任を行っていないか，政府の立法権行使が適切な議会審査手続に服しているかを審査し，貴族院に報告する役割も担っているとされる（田中・前掲注4)220-225頁）。

26）　財政研究所の試算では，2015年度夏季予算の通り，タックス・クレジットの削減と社会保障給付の凍結を実施すれば，2人世帯で平均年間1340ポンド（3人世帯で980ポンド，4人世帯で690ポンド）の所得保障が減少するのに対し，全国生活賃金制度の導入で増える収入は，2人世帯で90ポンド（3人世帯で120ポンド，4人世帯で160ポンド）にすぎないと予測されていた（William Elming, Carl Emmerson, Paul Johnson and David Phillips, *An Assessment of the Potential Compensation Provided by the New 'National Living Wage' for the Personal Tax and Benefit Measures Announced for Implementation in the Current Parliament*, Institute for Fiscal Studies, 2015, p.2. https://www.ifs.org.uk/uploads/publications/bns/BN175. pdf (accessed 10 March 2017).

2 イギリス貴族院における制定法文書の審査権限

ての懸念が示されていたのに対し，庶民院段階では，野党を除いて，与党議員の一般的関心はあまり高くなく，庶民院の委任立法委員会での審査も行わず本会議で承認された。しかし，貴族院の審議段階では，同院の二次立法審査委員会から，タックス・クレジット削減の影響についての政府側からの情報提供が不十分であり，政府側による影響評価の結果についての追加的な情報が要求された。これに対し，オズボーン財務大臣は10月12日，タックス・クレジットの削減の影響評価を委員会に提出した。その内容は，全国最低賃金の引き上げや全国生活賃金制度の導入によって世帯収入の増加（週35時間労働の共働き世帯で年間5500ポンド以上）が見込まれ，タックス・クレジット削減の60％は高収入の就労者の約半数に対するものであり，タックス・クレジットの制度変更は，主に就労タックス・クレジットに影響を与えるとするものであった[27]。二次立法審査委員会は，最終的な報告書において，政府の削減案が政治的に重要であり，公共政策上の強い関心を惹起するものとして，本会議での審議を求めた[28]。

　庶民院に続き，貴族院の審議段階で，労働党はタックス・クレジットの削減の反対の理由として，300万以上の勤労世帯に打撃を与えること，これらの世帯にとって平均して年1300ポンドの収入減となること，これらの世帯にとっては就労が実質的なペナルティになること，政府は最低賃金の引き上げが削減の埋め合わせになるとしているが，財政研究所の試算ではそれは計算上不可能なこと，こどもの貧困が増すこと，デヴィット・キャメロン首相が選挙公約で事前に示していなかったことの6つの理由から反対票を投じることを公表した[29]。一方，野党のみならず，世論がタックス・クレジット削

---

27) Steven Kennedy and Richard Keen, *Tax Credit Changes from April 2016*, BRIEFING PAPER CBP7300, House of Commons Library, 2015, pp.27-28. http://researchbriefings.files.parliament.uk/documents/CBP-7300/CBP-7300.pdf (accessed 10 March 2017).

28) Secondary Legislation Scrutiny Committee, Ninth Report, 15 October, 2015. https://www.publications.parliament.uk/pa/ld201516/ldselect/ldsecleg/38/3802.htm (accessed 10 March 2017).

29) The Labour Party Blog, *Six Reasons Labour MPs Are Voting against the Cuts to Tax Credits*, 20 October 2015. http://www.labour.org.uk/blog/entry/six-reasons-

4．タックス・クレジット削減規則案の両議院での審議

減に対して反発を強めたことに比例して，与党の保守党庶民院議員にも，政府側の譲歩と就労世帯の収入保障に賛同する議員が増してきていた。これらの圧力に対して，キャメロン首相やオズボーン財務大臣は，党首討論等において，庶民院が承認したタックス・クレジット削減規則案を貴族院が阻止すれば，財政事項に関する庶民院の優位を侵害すると発言し，反対派をけん制していた。しかし，反対派の労働党は，庶民院の財政特権は，庶民院議長が金銭法案または財政法案と認定した法案にのみ適用されるものであり，タックス・クレジット削減規則案は該当しないと反論した[30]。自民党も，保守党の総選挙時のマニフェストには福祉予算の 120 億ポンド削減はうたわれていたが，その細目としてタックス・クレジット削減は記されておらず，キャメロン首相自身が選挙前にタックス・クレジット削減はしないと発言していたとして，ティム・ファロン党首は保守党の指摘するソールズベリー慣行の違反ではないと主張した[31]。

　こうした各党の主張がぶつかり合う中で，10 月 26 日の貴族院本会議では，4 つの動議についての審議と採決が行われた[32]。まず，自民党のマンズール議員はタックス・クレジット削減規則案を承認しないとする動議を提出した。この動議は，致命的動議（Fatal motion）として位置づけられるものである。保守党は，タックス・クレジット削減規則案が財政事項であるとして，貴族院の否決を否定したのに対し，自民党は同案が制定法文書であるので，延期はもとより否決も可能であるとの立場をとった。しかし，承認を阻止する自民党からの動議に対して労働党と 176 名のクロスベンチの議員からの支持は得られず，賛成 99 対反対 310 で否決された。

　次に，クロスベンチ（無党派）のミーチャー議員より，財政研究所の分析に対して政府側が対応を詳細に行い，（低所得世帯に対する）軽減措置を検討

---

labour-mps-are-voting-against-the-cuts-to-tax-credits（accessed 10 March 2017）.

30）　John McDermott, Cameron warns Lords not to challenge tax credit cuts, *Financial Times*, 21 October, 2015.

31）　Mark Leftly, Lib Demos table 'fatal motion' to block welfare cuts, *The Independent on Sunday*, 25 October, 2015.

32）　House of Lords Hansard, 26 October 2015.

2 イギリス貴族院における制定法文書の審査権限

するまで同規則案の審議を保留するとの動議が提出された。同議員は，提出した動議が選挙で選ばれた庶民院に政府が責任を負う民主的なプロセスを支持するためのものであることを強調した。また，同議員の動議に対して，庶民院事務総長から新しい制定法文書を要求するものではなく，提案された制定法文書の承認を遅延させるものであるため，致命的動議には該当しないとの確認を得たとしていた。ミーチャー議員による修正動議は与党の保守党が反対したにもかかわらず賛成 307 対反対 277 で可決された。

　続いて，労働党のホリス議員は，政府が，現在タックス・クレジットを受給している低所得世帯や個人への少なくとも 3 年間の移行中の保障のための仕組みを議会に報告するための検討を実施し，それを 3 年後には議会の承認を得て更新できるようにすること，そして，財政研究所による削減案の分析への政府側の対応を詳細に行い，可能な軽減措置を検討した報告を議会に提出するまで，同規則案を承認しないとする動議を提出した。この動議は，野党やクロスベンチの議員の賛成により可決され，政府は重ねて採決において敗北した。貴族院の構成は，保守党 249 議席，労働党 212 議席，自民党 111議席，クロスベンチ 176 議席，ビショップ 25 議席，無所属 24 議席，その他11 議席の計 808 議席で，保守党は過半数をもたない少数与党であった。ホリス議員の動議は，低所得世帯への影響を緩和する政府からの新しい提案が出るまで，移行中の 3 年間施行を遅らせるとするもので致命的動議ではなかった。しかし，ホリス議員の修正動議が，保守党賛成 0，反対 215，労働党賛成 160，反対 1，自民党賛成 81，反対 0，クロスベンチ賛成 33，反対 51等，合計賛成 289 対反対 278 で可決されたことにより，政府が提案したタックス・クレジット削減規則案は，再び，貴族院での承認を得られなかった。なお，ポーツマス司教は政府の不信任と結びつかない遺憾動議を提出したが，同動議の採決は行われなかった。提出者が主張したように，貴族院において可決された 2 つの動議は，致命的動議でも，非致命的動議でもなく，その中間に位置づけられるものであった。

　しかし，この 2 つの動議の採決によって，貴族院が政府提出のタックス・クレジット削減規則案について，財政研究所の試算への政府による対応策

4．タックス・クレジット削減規則案の両議院での審議

と，タックス・クレジット削減で影響を受ける低所得世帯に対する緩和措置
が出るまで，政府提案の削減案を承認しないことを議決したことで，実質的
に同案は承認を否決されることとなったのである。

　このように，政府が敗北したのは，貴族院において保守党は第一党である
ものの，過半数の議席を有していない「ねじれ国会」ともいえる状況にあっ
たことが最大の要因である。しかも，労働党が党首選挙を契機に反対に回っ
たことに加えて，連立を組んでいた自民党が総選挙で大敗し連立解消後，財
政緊縮策への反対の姿勢を強めることとなっていた。さらに，貴族院でキャ
スティングボートを握っていたクロスベンチの議員の投票数の約4割を政府
側に取り込むことができなかった。特に，福祉改革・労働法案で当初妥協策
をとっていた労働党は，同党が総選挙で中道寄りの政策をとったことで保守
党との差異が見えにくくなったとの若年層の党員の批判や，主要労働組合の
支持を受けて，党首選挙でコービン候補が選出されたことにより，福祉削減
に対する旧執行部の棄権の方針が新執行部によって反対に転じた。コービン
党首は，10月28日に行われたキャメロン首相との党首討論において，タッ
クス・クレジットの削減（の否決）が憲法の危機なのではなく，300万の低
所得世帯の危機なのだと訴えて強い抗議を行うなど，反対派の先頭に立っ
た[33]。低所得層を中心とする世論からも，タックス・クレジットの削減に対
する強い批判が出る中で，10月29日に行われた庶民院本会議では，保守党
から18名の議員がタックス・クレジット削減による低所得世帯への影響緩
和を政府に求める動議に賛成する投票を行うなど与党内からの批判も強く
なった[34]。庶民院での保守党の優位は12議席に過ぎず，したがって，庶民院
での過半数の支持を得ているとの政府側の説得力も弱いものになっていた。
与党内の分裂を回避し，貴族院での承認のめどがつかない状況では，政府と
しても，あくまでも強硬手段に出ることは得策でないとの判断が働いたとし
てもおかしくない。

33）　House of Commons Hansard, 28 October 2015.
34）　House of Commons Hansard, 29 October 2015.

2 イギリス貴族院における制定法文書の審査権限

表2 福祉給付削減案に対する投票結果

庶民院		保守党	労働党	自民党	SNP	その他	合計
福祉・労働改革法案第二読会（7月20日）労働党修正動議	賛成	0	193	8	0	7	208
	反対	307	0	0	0	1	308
福祉・労働改革法案第二読会（7月20日）政府案採決	賛成	307	0	0	0	1	308
	反対	0	47	8	55	14	124
タックス・クレジット削減規則案（9月15日）採決	賛成	323	0	0	0	2	325
	反対	2	214	7	53	14	290
福祉・労働改革法案第三読会（10月27日）政府案採決	賛成	317	0	0	0	0	317
	反対	0	209	5	55	16	285
貴族院		保守党	労働党	自民党	クロスベンチ	その他	合計
タックス・クレジット削減規則案（10月26日）自民党提出動議	賛成	0	4	83	7	5	99
	反対	217	7	1	74	11	310
同（10月26日）クロスベンチ提出動議	賛成	0	154	83	41	19	307
	反対	217	4	0	51	5	277
同（10月26日）労働党提出動議	賛成	0	160	81	33	15	289
	反対	215	1	0	51	5	278

資料）House of Commons Hansard, House of Lords Hansard より筆者作成。

5．秋季財政演説での方針転換と福祉改革・労働法の成立

その結果，オズボーン財務大臣は，11月25日の秋季財政演説で，財政状況の好転による税収増を財源として，44億ポンド相当のタックス・クレジット削減を凍結することを表明した。しかし，夏季予算で公表した120億ポンド相当の社会保障給付削減については，当初案通り，2019年度までに達成するとした。なお，制定法文書で削減しようとしたタックス・クレジットの満額給付のための所得の閾値の引き下げと所得増加とともにタックス・クレジットの給付額が減額される割合（引き下げ率）の引き上げについては，見送るとしたものの，タックス・クレジット給付額の減額のために申請が必要

な所得増加の範囲を年 5000 ポンドから 2500 ポンドに引き下げる案につい
て，政府は改めて別途，削減規制案（The Tax Credits（Income Thresholds
and Determination of Rates）（Amendment）Regulations 2016）を制定法文書と
して提出した。同案は 2016 年 3 月 7 日に貴族院でも承認され[35]，当初予定通
り 2016 年 4 月から実施されることとなった。一方，福祉改革・労働法案
は，10 月 27 日，保守党の賛成多数で庶民院を通過したものの，2016 年 2 月
9 日に貴族院で修正され，両院間のピンポンを経て，同 3 月 16 日に女王の
裁可を得て成立した。貴族院の修正は主に政府による技術的な修正であった
が，政府の反対にもかかわらず労働党，自由党，クロスベンチの議員から共
同で提出された就労・支援給付凍結の削除およびユニバーサル・クレジット
の資格制限の削除を内容とする修正案が可決された[36]。しかし，同修正は，
庶民院において，庶民院の財政特権に属するものとして受け入れられなかっ
た[37]。その結果，福祉改革・労働法案は，ほぼ政府提出案通りで成立し，児
童タックス・クレジット（ユニバーサル・クレジットを含む）は，2017 年 4 月
以降の新申請から給付を子供 2 人までに制限され，児童タックス・クレジッ
ト（ユニバーサル・クレジットを含む）の年額 545 ポンドまでの基本給付額も
2017 年 4 月以降の新申請から廃止されることとなったのである。

6．タックス・クレジット削減規則案の貴族院不承認は憲法的慣行違反か

　タックス・クレジット削減規則案の貴族院不承認に対して，政府・保守党
が憲法的慣行違反と批判した理由としては，①金銭法案もしくは財政事項に

35）　貴族院では自民党のマンズール議員の提出による遺憾動議を賛成 104 票，反対
　　206 票で否決したものの，政府提出の削減規制案については投票を行わず承認した
　　（House of Lords Hansard, 7 March 2016）。

36）　Welfare Reform and Work Bill Explanatory Notes on Lords Amendments（HC
　　Bill 132）9 February 2016. http://www.publications.parliament.uk/pa/bills/
　　cbill/2015-2016/0132/en/16132en.pdf（accessed 10 March 2017）。

37）　Welfare Reform and Work Bill Consideration of Lords Message, 2 March 2016.
　　http://www.parliament.uk/documents/commons-public-bill-office/2015-16/
　　selection-of-amendments/lords-amendments/Welfare-Reform-And-Work-
　　Bill-160302.pdf（accessed 10 March 2017）。

関する庶民院の財政特権に対する侵害，②制定法文書についての慣行違反，③ソールズベリー慣行の違反がある。

　このうち，金銭法案もしくは財政事項に関する庶民院の財政特権に対する侵害については，まず，金銭法案（Money Bill）については，議会法第1条第1項により，庶民院議長が金銭法案と認定した場合，庶民院の可決だけで，貴族院が法案を受領して一か月以内に成立するとの規定がある。しかし，タックス・クレジット削減規則案は制定法文書であり，一次立法である金銭法案の認定を受けることは当然ない。

　他方で，庶民院は1911年議会法の制定以前より，財政的優位を有している。そもそも庶民院の財政特権に関する明文化された根拠法規は存在しないが，その起源は17世紀に行われた庶民院の2つの決議に由来する。1671年の決議では，税率の変更は貴族院によってなされるべきではないとされ，1678年の決議では，課税及び歳出案件（all aids and supplies）は，常に庶民院先議とし，貴族院によって変更，修正はできないとされた[38]。この決議は今日に至るまで有効であり，慣習として継続されてきた。現在でも，新税，増減税，国債発行等に関する歳入法案の約半数は，金銭法案の認定を受けず，個々の歳出の根拠法となる法案も金銭法案として認定されない。これらの法案は，庶民院の財政特権により，貴族院の同意は必ずしも必要ない。1911年以降は，全歳入法案が庶民院の可決のみで成立してきたのである[39]。

　しかし，この場合も，金銭法案と同様に，一次立法に関する庶民院の財政特権は，制定法文書として提出されたタックス・クレジット削減規則案に適用されるとはいえまい。貴族院の議事手続の先例では，二次立法においては，貴族院の権限に関して議会法は適用されないとされている[40]。したがっ

---

38) Meg Russell and Daniel Gover, *Demystifying Financial Privilege Does the Commons' Claim of Financial Primacy on Lords Amendments Need Reform?*, Constitution Unit, 2014, p.9. https://www.ucl.ac.uk/constitution-unit/publications/tabs/unit-publications/160（accessed 10 March 2017）.

39) 小堀眞裕『国会改造論──憲法・選挙制度・ねじれ』（文藝春秋，2013年）111頁。

40) House of Lords, *Companion to the Standing Orders and Guide to the Proceedings of the House of Lords*, 2010, p.191. http://www.publications.parliament.uk/pa/ld/ldcomp/compso2010/compso.pdf（accessed 10 March 2017）.

6．タックス・クレジット削減規則案の貴族院不承認は憲法的慣行違反か

て，貴族院において制定法文書が否決された場合には，庶民院が承認しても，制定法文書は成立しえない。また，これまで，制定法文書に関して，庶民院の財政特権が宣言された事例は存在しない[41]。この点について，政府・保守党は二次立法であるタックス・クレジット削減規則案の貴族院の否決が，庶民院の財政特権の侵害であることを主張したが，その明確な根拠は乏しいといえる。庶民院における金銭決議を得たうえで，制定法文書ではなく，一次立法として制度改正を行うことが，本来，庶民院の財政特権を主張する手続として求められると考えられるからである[42]。

次に，制定法文書に関して，果たして政府の指摘するような庶民院の優位が慣行として存在しているといえるだろうか。委任立法に関しては，かつて貴族院には制定法文書を拒否しないという実質的な慣行があったとされる。1968年に南ローデシア国連制裁令をめぐり，貴族院が制定法文書を否決して以降，2000年に大ロンドン市選挙規則が否決されるまで，32年間，貴族院が制定法文書を拒否する権限を行使した事例はなかったのである。そうしたことから，貴族院議員には，貴族院は庶民院によって承認された制定法文書を否決しないという慣行が存在していると主張する者もあった。他方で，そうした慣行の存在を否定する意見もあり，貴族院では，1994年に，「貴族院は審議のために提出された二次立法について拘束されない投票の自由を有する」ことを決議し，一定の解決を見た[43]。しかし，1999年の世襲貴族の大幅削減による貴族院改革によって，クロスベンチの議員が増え，政府に対し

41）　Strathclyde, supra note 6, at 21.

42）　なお，庶民院における金銭決議を経ずに，貴族院が歳入・歳出を課す修正を行った場合には，庶民院議長は，その修正に不同意とする宣言をしなければならない。この手続きは非放棄特権（Unwaiveable Privilege）と呼ばれ，通常の手続きでは行われていない。Robert Rogers and Jacqy Sharpe, *Financial Privilege: A Note by the Clerk of the House and the Clerk of Legislation*, House of Commons, 2012. https://www.parliament.uk/documents/commons-commission/Financial-Privilege-note.pdf（accessed 10 March 2017）.

43）　Nicola Newson and Matthew Purvis, *Delegated Legislation in the House of Lords since 2000*, House of Lords Library Note, 2011, p.1. http://researchbriefings.files.parliament.uk/documents/LLN-2011-031/LLN-2011-031.pdf（accessed 10 March 2017）.

2 イギリス貴族院における制定法文書の審査権限

て是々非々の態度をとるようになった。その結果，制定法文書に対しても，貴族院による実質的否決に相当する致命的動議が可決される事例が生じるようになった。こうした変化を受け，2006 年には，立法審議に影響を与える両院間の関係に関する慣行の明文化を検討する「慣行に関する両院合同委員会」（Joint Committee on Conventions）が設置された。2006 年に同委員会は，貴族院は例外的な場合を除いて，制定法文書を拒否すべきではない。貴族院が制定法文書に反対するには，見直しの院としての貴族院の役割と制定法文書に対する議会の役割が一致する場合に限られる。そのような例外的な場合とは，制定法文書の内容に関して委員会の特別の関心が提起された場合や，授権法が「骨子規定」であり，制定法文書が一次立法の内容を実質的に規定している場合，または特別の規則に基づく場合等が該当する旨の報告を提出している[44]。同委員会の提言は当時の労働党政権に受け入れられ，政府はその実行を議会側に求めた。この委員会の提言を根拠に，キャメロン政権も，タックス・クレジット削減規則案の貴族院による不承認が慣行違反であるとの主張を行った。しかし，この委員会の報告でも，例外的な場合での貴族院の否決を認めており，タックス・クレジット削減規則案については，その政策的な変更の重要性と，授権法が「骨子規定」であり，制定法文書によって実質的な内容を規定していることから，貴族院が否決しうる例外事項に該当しうると考えられよう。そもそも授権法である Tax Credits Act 2002 は，タックス・クレジット削減規則案への委任について，承認型手続を規定し，貴族院の拒否権を認めている。また，Tax Credits Act 2002 の委任規定（sections 13(2) and 65(1)）は，規則の制定権限を財務省に委任し，議会は立法者ではなく，財務省の立法権限の行使についての監督と精査の役割を担っているともいえる[45]。以上の点から，同規則案について，貴族院の審査権限

---

44) Joint Committee on Conventions, *Conventions of the UK Parliament*, HL Paper 265-I, HC 1212-I, 3 November 2006, pp.62-63. http://www.publications.parliament. uk/pa/jt200506/jtselect/jtconv/265/265.pdf (accessed 10 March 2017).

45) Adam Tucker, *Tax Credits, Delegated Legislation, and Executive Power*, UK Constitutional Law Association, 2015. https://ukconstitutionallaw.org/2015/11/05/ adam-tucker-tax-credits-delegated-legislation-and-executive-power/ (accessed 10

6．タックス・クレジット削減規則案の貴族院不承認は憲法的慣行違反か

や承認権限を排除する明文の根拠は存在しないといえよう。

　最後に，政府側が主張したソールズベリー慣行（Salisbury Convention）は，労働党政権であった1945年から51年の時期に，保守党の貴族院議員ソールズベリーが貴族院院内総務として労働党のアディソン貴族院院内総務との間で合意した実用的な協定であり，「貴族院は総選挙マニフェストに言及された政府提出法案について，第二読会および第三読会において同法案を否決しない」という憲法的慣行として，維持されてきたものである[46]。この慣行については，世襲貴族の排除や貴族院の党派構成の変化，2010年の連立政権の登場などにより，その効力に疑問が生じるようになっているが，2006年に出された慣行に関する両院合同委員会の報告では，ソールズベリー慣行はいまだ適用されるべきであり，貴族院が第二読会でマニフェスト項目の政府提出法案を否決することは修正の院としての貴族院の役割にふさわしくないとの結論を出している[47]。しかし，特に，連立政権以降，何が政権党のマニフェスト事項なのかについての判断が不明確な場合も少なくない。そのため，具体的な詳細を伴わないマニフェスト事項については，政府提出法案に対するソールズベリー慣行を貴族院側が認めず，反対することも，大幅修正をすることも可能との態度をとることが生じている。タックス・クレジット削減規則案についても，与党保守党の総選挙時のマニフェストでは，社会保障給付削減の具体策として，タックス・クレジットの削減を明記していなかった。とするならば，野党の主張するように，政府が選挙公約事項に含まれていたとして，タックス・クレジット削減規則案の貴族院での否決をソールズベリー慣行の違反とすることは説得力に欠けるものであるといえよう。

　以上の点から，タックス・クレジット削減規則案の貴族院不承認は，金銭法案もしくは財政事項に関する庶民院の財政特権に対する侵害に該当せず，制定法文書についての慣行や，ソールズベリー慣行についても，違反するも

March 2017).

46)　田中嘉彦『英国の貴族院改革』（成文堂，2015年）88頁。

47)　Meg Russell, *The Contemporary House of Lords; Westminster Bicameralism Revived*, Oxford University Press, 2013, pp.83-84.

のであるとの根拠に乏しい。したがって，政府・保守党が主張した憲法的慣行違反には，該当しないと結論付けることができよう。

7．貴族院の制定法文書に関する権限の見直しの提案

　このように，貴族院によるタックス・クレジット削減規則案の不承認は，政府側に制定法文書に依存した立法手法を見直す契機を与えた。しかし，政府側は，この機会を逆に，貴族院の権限縮小の必要性が生じたととらえ，キャメロン首相は，保守党の貴族院院内総務ストラスクライドに対して，貴族院の改革案の策定を依頼した。ストラスクライドは，2015 年 12 月 17 日，二次立法と庶民院の優位に関する改革案を議会に提出した。その内容は，①貴族院を制定法文書の審議手続きから除外する，②制定法文書に関する貴族院の役割を維持するが，その拒否権は通常の場合行使しないという慣行を決議または議事規則で明確化する，③貴族院は，不一致が生じた場合に，庶民院に再考を求める権限を有するが，庶民院は貴族院が反対した案件を覆すことを可能とする議会制定法を定めるとする 3 案が提示された[48]。

　まず，制定法文書の審議から貴族院を除外することは，貴族院がこれまで制定法文書の審査において有してきた役割から見た場合，議会の行政監視機能を低下させることにつながりかねない。特に，貴族院の権限をより制約することは，世襲貴族から任命制の議員が増加し，庶民院とは異なる視点からの審議や決定に能動的な議員が増えた現在の貴族院の賛同を得ることは難しいのではないか。

　次に，制定法文書に関して貴族院が拒否権を行使しないという慣行の決議または議事規則での明確化については，一律にそれを規定することが貴族院の審議の実質的空洞化につながる懸念が生じよう。現状においても，税制や歳出に関する財政的制定法文書は，貴族院に審査権はない。このことは，一次立法である議会制定法における庶民院の財政的優位を制定法文書においても踏襲したものであるといえる。しかし，金銭法案以外の歳出法案に関する庶民院の財政特権では，その手続きの明確性が欠けており，そのことが貴族

48）　Strathclyde, *supra* note 6, at 16–21.

7．貴族院の制定法文書に関する権限の見直しの提案

院の権限をめぐる与野党間の論争を産んでいる。ゴーバーとラッセルも，この庶民院の財政特権の問題点として，透明性と説明責任の不足，政府による決定過程のコントロールを挙げ，その解決策として，財政特権の定義と手続きの明確化を指摘している[49]。そうした点で，庶民院の財政特権を不文の慣行からルールとして明文化を図ることが必要であり，この財政特権に関しては，二次立法である制定法文書に関しても，決議または議事規則で明確化することは支持できる。

　ただし，こうした財政特権に該当しない，政策的内容を伴う制定法文書全体についても，貴族院の拒否権を否定することは，すでに述べたとおり，議会の行政監視機能の形骸化につながりかねない。したがって，貴族院の拒否権の存否は，現行の通り，授権法に委ねられるべきであり，その委任の内容に応じて，貴族院の権限を明確化することがより求められているといえよう。特に，一次立法を制定法文書によって実質的に改変するような場合には，政府が貴族院における拒否権を回避するといった恣意的な判断で授権法を規定しないよう制定法文書に関する貴族院の審査権限の共通のルール化を図る必要があろう。

　さらに，両議院で不一致が生じた場合に，庶民院に貴族院が反対した案件を覆すことを可能とする議会制定法を定めるとする提案については，かつて王立貴族院改革委員会（Royal Commission on the Reform of the House of Lords）からも同様の提言がなされたことがある[50]。こうした庶民院の優位を議会法等の改正により，規定することは，一次立法と二次立法の決定手続きにおける整合性を確保することになるともいえる。しかし，制定法文書が迅速性，機動性を求められるという性質上から，再議決のための猶予期間は一

---

49)　Daniel Gover and Meg Russell, "The House of Commons' "Financial Privilege" on Lords Amendments: Perceived Problems and Possible Solutions," *Public Law*, No.1, 2015, pp.20-22.

50)　王立貴族院改革委員会は2000年に，制定法文書に関する承認型手続及び否認型手続のいずれにおいても，貴族院の拒否に対して庶民院が3か月以内に再可決できるように1946年制定法文書法を改正することを提案したが，実行に移されず現在に至っている（Rogers and Walters, *supra* note 3, at 229）。

次立法と比較してより短縮した期間が設定される必要があり，その一方で，再議決の要件を過半数としたならば，貴族院の影響力はより限定されたものとなろう。制定法文書の特質から，いたずらに両院間の往復に時間をかけることは機動性を逸する可能性もある。他方で，議案の継続や廃案よりも，追加的な修正による成立がいずれかの議院（特に政府）にとってより望ましい場合には，両院間でピンポンを行うことが，両院の間の合意形成につながるという側面も考慮すべきである。このことは，民主的正統性の不足する貴族院に，政策的決定の拒否権をどこまで付与するかにかかわる根本的な問題であるといえよう。

　以上の点から，授権法の個々の委任に基づく制定法文書の性質と，その決定過程における貴族院の果たすべき役割を総合的に考慮したうえで，両院のそれぞれの同意を必要とする承認型手続において，両議院の不一致が生じた場合の調整メカニズムをさらに検討していく必要があるといえよう。

8．おわりに

　以上，考察してきたタックス・クレジット削減規則案の貴族院での不承認は，貴族院の制定法文書に関する権限や慣行に基づく手続きの不透明性が招いた法的な問題であるとともに，政府与党と議会野党の間の政策決定権限をめぐる政治的な問題でもあった。このことは，貴族院が単に庶民院の追認機関に終わらず，見直しの院として，一定の役割を発揮することにもつながった。こうした貴族院の変化は，1999年にブレア労働党政権が世襲貴族を大幅に減らす改革を行ったことにより，保守党も労働党もいずれも貴族院の過半数を有さず，貴族院の約4分の1を占めるクロスベンチが成立のキャスティングボートを握るようになったことが作用しているともいえる。保守党優位の時期と異なり，現在の貴族院には，クロスベンチの議員の持つ長所を活かし，歳出削減を目的とした緊縮政策や，基本的人権にかかわる委任立法に関して，修正権を持たないものの，保留等の意思を動議で示すことで，政府側の再考を促すことに，その役割が求められているともいえる。ただし，こうした貴族院の影響力の増大が，両議院の意思の不一致により，制定法文

8．おわりに

書が発効できず，行政執行が停滞し，機動的な対応に支障が生じることは負の効果ともいえる。こうした問題を解決するためには，貴族院が拒否権を有する現行の承認型手続を見直し，授権法において，委任立法の必要性，緊急性に基づいて，否認型手続の選択や，審議期間に一定の期限（例えば3か月以内）を付して庶民院の再可決等の優越を規定する両院間の調整メスニズムの手続きを検討すべきであろう。

3 リスクの帰属と道徳的運について

―― 過失犯論における行為者性を題材として ――

永 石 尚 也

【要　旨】

　リスク社会化が進む現在において，個別的・集団的にリスクを引き受ける（べき）行為者とは誰か。本稿の目的は，2010 年前後における J. Raz の行為者性論を導きの糸として，リスク社会論，科学技術社会論，行為の哲学，刑事法学等の諸分野を横断しつつ，上記の問いへの応答を法哲学の観点から検討することにある。

　Raz は行為者性について，安全／危険（及びその傾向性）という二分法に頼ることなく，「我々が何者であるか」という自己認識を基礎として，リスクを敢えて取ったり避けたりする我々の傾向や，それに基づく自己の生における目標や願望といった要素を責任帰属の場面に取り込むことで，（いわゆるコントロール原則とは別の形で）法的責任を負いうる範囲に関する代替案を提案した。

　本稿はかかる議論状況を踏まえつつ，第 2 章では，リスクと法にかかる近時の議論状況を整理する。とりわけ，N. Luhmann の提示する不確実性吸収概念とリスク帰属概念を基礎に，リスク社会における行為者とはどのように決定されるかについて概観する。第 3 章では，道徳的運の問題と法的責任の入り組んだ関係を論じる。道徳的運にかかる現代的議論は，B. Williams 及び Th. Nagel に端を発するが，本邦の法的議論においては必ずしも明示的に取りあげられてはこなかった。ここでは，近時の裁判例における過失犯論における行為者特定の問題から，道徳的運の問題と行為者性の密接な関係を論じる。これを受けて第 4 章では，専門分化と専門職連携が同時に進んでいる現在において，責任を負いうる行為者という「身分」の重畳性・多元性が再検討されるべきであることを確認する。

　本稿が提示したモデルはあくまでも試論に留まる。しかし，グローバル化と保守主義に引き裂かれた現代社会から漏出する数々の問題に法が対処するためには，このリスク・偶然性（への耐えられなさ）に関する問題は避けて通れない。近時の例のみを挙げるとしても，ミクロレベルでは新型出生前診断

や遺伝子編集技術により，かつては偶然に委ねてきた「我々」の範囲が脅かされるとともに，マクロレベルではヘイトスピーチの常態化，自動運転車の本格的導入，ワクチン摂取訴訟における諸議論の混迷等に見られるように，集団が引き受けざるをえないリスクの問題を，いかにして再度「我々」のものとして認めうるかは，重要な争点を形成する。

　以上を通じ，本稿は来るべきリスク受容のための行為者と法政策の関係を試論的に提示する。

1．は じ め に

　現在，私たちの生活は数々のリスクに取り囲まれている。核物質や化学物質による汚染やシステミックリスクなど大規模化するリスクのみならず，遺伝子工学等による非知のリスク，財政危機や少子高齢化等の社会的リスクをも含めれば，日常生活に関わるリスクが様々に可視化されつつある。しかし，それだけではない。私たちの生活は，新たなリスクに囲まれるのみならず，リスクを引き受けないことについての責任にも挟まれている。

　象徴的な例を一つ挙げよう。フェルベークは胎児の超音波検査を例として，超音波検査を受けた結果としての決断のみならず，超音波検査を受けなかった場合における決断回避の責任が生じてしまっていることについて記している。すなわち，現代においては，もし親たちが超音波検査を受けたならば胎児の「生死」に関わる決断を迫られるだろうが，もし検査を受けなったとしても検査に関連した「リスク」を引き受けない（避けえた不利益にかかる判断を回避した）ことについての責任を感じざるをえないだろうというわけだ。これは，技術によって拡張された倫理的ジレンマである。そこでは「決断をしなければならない状況に自分を置かないという選択そのものが，一つの決断になってしまってい」る[1]。

　ここで提起されている問題は，技術進展に伴い，例えば「子宮のなかをの

---

1)　ピーター＝ポール・フェルベーク『技術の道徳化　事物の道徳性を理解し設計する』（法政大学出版局，2015年［原著2011年］）まえがきを参照。

1. はじめに

ぞく」[2]ことによって変容した決断と責任についての反省に留まるものではない。問題は，「子宮のなかをのぞく」ことが可能な状況においては，現に「のぞく」前に既に変容してしまっている（例えば胎児と私たちの間にある）経験の形成や，（例えば胎児に関する）行為や判断を導く解釈的枠組の形成についての反省に及ぶ。さらに言えば，技術に媒介・誘導された行為は自由意志に基づくものではないとして道徳性及び責任を安易に否定することなく，技術とともに私たちが押しやられた新たな道徳的状況における道徳性及び責任の形成にも，問題は及ぶのである。

本稿の目的は，これら「リスク」をめぐる状況の変容が我々の法的営為にもたらす影響を正確に把握することにある。本稿は，2010 年前後における J. Raz の行為者性論を導きの糸として，リスク社会論，科学技術社会論，行為の哲学，刑事法学等の諸分野を横断しつつ，「リスク社会化が進む現在において，個別的・集団的にリスクを引き受ける（べき）行為者とは誰か」という問いへの応答を，法哲学の観点から検討する。

第 2 章では，リスクと法にかかる近時の議論状況を整理する。とりわけ，N. Luhmann の提示する不確実性吸収概念とリスク帰属概念を基礎に，リスク社会における行為者とはどのように決定されるかについて概観する。第 3 章では，道徳的運の問題と法的責任の入り組んだ関係を論じる。道徳的運にかかる現代的議論は，B. Williams 及び Th. Nagel に端を発するものの，本邦の法的議論においては必ずしも明示的に取りあげられてはこなかった。ここでは，近時の裁判例における過失犯論における行為者特定の問題から，道徳的運の問題と行為者性の密接な関係を論じる。これを受けて第 4 章では，専門分化と専門職連携が同時に進んでいる現在において，責任を負いうる行為者という「身分」の重畳性・多元性が再検討されるべきであることを確認する。

本稿が提示するモデルはあくまでも試論に留まる。しかし，グローバル化と保守主義に引き裂かれた現代社会から漏出する数々の問題に法が対処する

---

2) 本稿執筆時（2017 年 4 月時点）であれば，本邦においても 4 年間でおよそ 4 万人超の受診者を数える新型出生前診断の裾野の広がりを念頭においてもよいだろう。

ためには，このリスク・偶然性（への耐えられなさ）に関する問題は避けて通れない。近時の例のみを挙げるとしても，ミクロレベルでは新型出生前診断や遺伝子編集技術により，かつては偶然に委ねてきた「我々」の範囲が脅かされるとともに，マクロレベルではヘイトスピーチの常態化，自動運転車の本格的導入，ワクチン摂取訴訟における諸議論の混迷等が見られる。このように，集団が引き受けざるをえないリスクの問題を，いかにして再度「我々」のものとして認めうるかは，重要な争点を形成するだろう。

2．リスクと法

(1) リスク社会と法

「リスク社会」という言葉が人口に膾炙して久しい。ベックに代表されるリスク社会論は，非知としてのリスクの増加に主に焦点を当てつつ，補償の不可能性，科学的知見への依存性，宿命的な受動性等の徴表によって，再帰的近代としての現代社会のリスクを特徴付けている[3]。

もとより法は社会・個人に対する危険及びリスク[4]に対応してきたわけだが，ここ 10 年程度に限っても，リスクについての法学における議論は蓄積されつつある[5]。事実，決定・非決定に伴うリスクが不断に意識されるよう

---

3) ウルリッヒ・ベック『危険社会 新しい近代への道』（法政大学出版局，1998 年［原著 1986 年]）を参照。これらの特徴から，リスク社会論におけるリスク概念は，保険数理や疫学，経済学や心理学における意思決定理論において，危害の発生確率として把握されるリスク概念と峻別される。一方で，リスクの客観的側面に焦点を当て，リスクを回避または受容することで安全を確保する点においては共通している。

4) リスクと危険の用語法上の区分けについては，ニクラス・ルーマン『リスクの社会学』（新泉社，2014 年［原著 1991 年]）及び小松丈晃『リスク論のルーマン』（勁草書房，2003 年）第 1 章を参照。法学，特に刑法におけるリスクと危険の用語法上の混乱については，甲斐克則「刑法におけるリスクと危険性の区別」法政理論 45 巻 4 号（2013 年）に詳しい。

5) 例えば，大林啓吾『憲法とリスク』（弘文堂，2015 年）のほか，刑事法ジャーナル 33 号（2012 年），法哲学年報 2009（2010 年），法社会学第 69 号（2008 年）などにおいて法とリスクの問題が論じられたほか，長谷部恭男他編『リスク学入門 3 法律からみたリスク』（岩波書店，2007 年）などが代表的なものとして挙げられる。また，2016 年度の法哲学会でも「リスク社会における自由と協働の秩序」がワークショップにおいて取り上げられるなど，現在も議論は継続している。

2. リスクと法

になった現代においては，規模・性質が大きく変化するのみならず，不可逆かつ回避困難なリスクに我々の社会がどのように対処するのかが，法学諸分野を跨いだ共通の課題として現れている[6]。

ただし，専らリスクの客観的側面に焦点を当て，リスクを回避・受容することで安全を確保しようとする限り問題は残る。なぜなら，現代における問題はリスクの質的変化・量的増加もさることながら，リスクが過剰に特定の人間・システムに帰属されてしまうことにあるためである。もちろん，リスクの正確な把握への努力は当然のことながら，観察のレベルにおいては特定の人間・システムに決定に帰属されうる危害がリスクとして把握されてしまう。とりわけ，リスクを受け止める時点が将来に渡り，その予見の可能性の限界が不可避的に残余リスクを生じさせる以上，決定それ自体は将来への変更を（循環的に）招く。「現在から見積もられた未来と，未来において現実化するであろう現在の差異」は，決定者と決定による被影響者を不可避的に分離することになるのだ[7]。

リスクの時間的な性質を踏まえる限り，組織化された決定における決定者と決定によって影響を被る被影響者の溝は深まることで，リスクとして把握される事象は増大する。個人であれ組織であれ，各アクターは自己へと帰属することができない危害を危険として外部化する。この外部化を事実として受け入れる限り，各アクターが外部化したリスクを（集団的に）引き受ける国家の役割が改めて問題となる[8]。

---

6) ジュリスト1501号（2017年），2016年度法哲学会ワークショップ「人工知能（AI）／ロボットと法」を参照）のように，現在，自律的な意思決定主体という近代主体像を揺るがす諸リスクへの対応は（単に新たな技術が導入されたことによる後追い的対応に留まらず）民・刑事の垣根，刑罰と行政的規制（による非犯罪化）の垣根，司法・立法の垣根をまたいで，近時議論が活発化しているところである。とりわけ，アーキテクチュアと法と呼ばれる領域は，単に技術への対応如何を問うものではなく，技術を介してしか存立することのない近代的主体の曖昧な位置を浮き彫りにし，「我々は何者であるのか」に関する問題を提起するものとして，現在の議論の一大領域を形成していることは周知の事実である。松尾陽編著『アーキテクチャと法』（弘文堂，2017年）を参照。

7) 小松・前掲注4)『リスク論のルーマン』第1章。

8) キャス・サンスティーン『恐怖の法則』（勁草書房，2015年），『最悪のシナリオ』

3　リスクの帰属と道徳的運について

(2)　不確実性と法

　決定者においては対処したはずのリスクが，被影響者から見れば危険でもありうる以上，問題は不確実なリスクを個別的・集団的に受容する仕組みをいかに構築するかにある。社会学の立場からは，かつて公的な地位に付随した知識，職務上の専門知といったものが権威の源泉となり，権威への信頼を基盤として「不確実性吸収」が行われていたものの，現在においては，これら知識を蝶番にした情報圧縮は奏功しないだろうという診断がなされている[9]。

　もとより，この「不確実性吸収」は合理的選択を行うための基準ではない[10]わけだが，その信頼をも損なわれた状況においては，個別的な危険感・危惧感が，集団的なリスク回避のための立法・行政における活動へと波及してしまいうる。

　この点において，ルーマンによるリスク／危険の峻別論は，危険（の原因）が誰に帰属されるべきかを問うてきた司法・立法の営みにおいて重要な

　　（みすず書房，2012 年）等を参照。リスクへの対応という観点から言えば，①熟議
　　的民主主義的アプローチ，②予防原則的アプローチ，③費用便益分析的アプローチ
　　などがあげられるが，このようなリスクの民主化・客観化が必ずしも実質的正当
　　性・合理性をもたらすわけではなく，象徴的な価値による過大・過小な対応にとど
　　まる可能性も指摘しうる。
 9)　小松・前掲注4)『リスク論のルーマン』第3章を参照。ルーマンから引けば，「政
　　治に固有のリスクマネジメントの合理性の核心は，ある方途での決定のリスクや別
　　の方途を取った時の決定のリスクを互いに吟味し，とりわけそれらのリスクの副次
　　的結果がどれほど抗議を引き起こしやすいものであるのか，ということや，被影響
　　者たちの発言力がどれだけのものであるのかということを顧慮しつつ，これらのリ
　　スクを互いに吟味する，という点に存している」（ルーマン・前掲注4)『リスクの
　　社会学』第8章）。このことは，ミクロの危険「感」が民主主義的過程を通じてマク
　　ロ行動としての立法・行政に影響を与える場面を考えれば，溝が浮き彫りになるだ
　　ろう。
10)　「不確実性吸収」は，例えば不完全な情報のリスク，見渡しきれない書選択肢のリ
　　スク，知られていない帰結や不確かな帰結のリスクを引き受けるに当たって，当該
　　決定の成果だけを業務の基礎として役立てる場合に生じる（ニクラス・ルーマン
　　『社会の政治』（法政大学出版局，2013 年）293 頁）。つまり，「不確実性吸収」と
　　は，権威によって支えられ，事実として行われている，与えられた情報圧縮を前提
　　にした決定のコミュニケーションを指す（ルーマン『近代の観察』（法政大学出版
　　局，2013 年）第5章）。

2. リスクと法

区別となる。事実，ルーマンのリスクの取り扱いの基底には，因果帰属の自由な取り扱い（因果関係の地平が，原因の側に向かっても，結果の側に向かっても，原理的には終わりがない）という主張があり[11]，法的にはこの限定原理をいかに定めるべきかが問題とされる。

この限定原理については，領域ごとに様々な原理が立てられてきた。例えば，環境法分野における予防原則や，民事法分野におけるカラブレイジのガイドラインなどは，その一例である。刑事においては，一般予防を前提とする危険の実現に関する因果関係論・客観的帰属論が，危険・リスクの概念を深めてきたと言えるだろう。

しかし，ルーマンの言葉を借りれば，これらの諸原理が「なぜそうであってそれ以外ではないのか」という問いへの応答は十分ではない。とりわけ，刑事法においては，（共同不法行為に基づいて負担分担をなしうる，あるいは厳格責任等を用いることで問題の解消を図りうる民事法とは対照的に）社会的必要性という現実的基盤とそれを反映して憲法秩序内で定立される行為原理，侵害原理，責任原理等の諸原理を保持する以上，不確実性への対処を放縦化させることは許されない。

(3) 管 理 と 法

不確実性に対して，主体たる行為者の自由を確保しつつ，いかにリスクを受容するかという問いに答えるにあたっては，自由とリスクの概念の関連を掘り下げる必要がある。これは，リスクを論じる際には行為者は危険源という客体として把握されるのに対し，自由を論じる際には行為者が意思によって統御された主体として把握される両面を調和させる必要があるためである。

---

11) 尤もルーマンはここに循環を見るとともに，この帰属の規定がどのように決定され，移り変わるのかという点の記述を問題として提示している。「行為について語られうるのは，問題が（中略）すでに解決しており，原因が動機としてのみ，結果が，行為の意図されたあるいは意図されざる帰結としてのみ，考慮に入れられる場合に限られるからである。けれども，因果関係について語られる場合には常に，あらゆる具体的な陳述の背後で，いつも次のような問いもまた立てられるのである。すなわち，その帰属を規定したのは誰か。観察者は誰なのか。なぜそうであってそれ以外ではないのか，と」（ルーマン・前掲注10）『社会の政治』493 頁）

3 リスクの帰属と道徳的運について

　古典的な対立として，自由を外的障害（強制）の欠如として把握する見解と，他ならぬ自らの意思によって決定するものと把握する見解がある。これらの定式化は，とりわけリスク社会の不確実性に対処するためには，単純な形態のままでは指針にならない。とりわけ，主体を構成する権力（規律訓練権力）と主体を管理する権力（生権力，管理型権力）[12]が認識される現在においては，リスクを予め取り込んだ自由の概念に基づく必要がある。事実，現在のアーキテクチャと法と呼ばれる領域は，現在の情報環境下における自由の変容を，題材ごとに変奏しつつ論じている。

　ところで，冒頭で引用したフェルベークは，まさに上記著作中の「技術と自由」と題された節でフーコーを引きつつ，影響から自由であるという強い独立性を（道徳的）行為者性の条件とするのではなく，「自分を決定づけているものに対して関与する能力（関与可能性）」として再解釈するように提案していた[13]。技術に依拠してしか我々の選択が生じない以上，我々が自由な行為者であるためには技術に媒介された自己形成過程に，自らを置く必要がある。

　フェルベークはさらにこの検討を推し進め，フーコーが晩年に取り組んだ「自己への配慮」の問題へと繋げることで，「私はいかに行為すべきか」という問いではなく，「私はいかなる主体であるべきか」という問いこそが問われるべきだとする[14]。こうして行為者の行為は，一方では技術によって促され，決定された行為として現れるとともに，他方では，技術を媒介として能動的に専有化する＝カスタマイズして使うことで発生する自己形成的な行為として現れる[15]。

---

12)　ミシェル・フーコーは，1970年以降より，10年超に亘るコレージュ・ド・フランスの講義を通じて，これらの権力像を描き出している。

13)　影響から自由であるという独立性は，要件としては過剰である。主体は常に多くの権力に従属しているのであり，主体は自らを権力の網の目の中で構成する。権力の網の目自体が自己である。

14)　そこでは，自己と規範の関係が問題なのではなく，禁欲的実践や美的実践において形成される自己こそが問題であるとされる。後述するように，これはラズの提案に重ねられる。

15)　フェルベーク・前掲注1) 152頁。

3. 行為者性と道徳的運

このように，行為者は，以上のような二重性とともに現れる。そこでは，コントロールの意味もまた二重化している。ここから，リスク社会における行為者への行為帰属と責任帰属もまた，これらの二重性を反映した形態が要請されることになる[16]。

3. 行為者性と道徳的運

(1) 行為と傾向性

以上のリスク社会についての描像を踏まえ，行為者と行為の概念を論じていく。

行為や行為者といった概念は哲学・法学をまたいで数多くの論争を引き起こしてきた。本稿に関わるところでは，まず，リスク社会下においては行為記述の多層性を行為者の意思によって縮減することが困難となりつつあることを指摘することができる。さらに，リスクの帰属に関する基準を欠いており，行為者が潜在的に罪を犯してしまう可能性に晒すことで，行為概念を揺るがしている点も指摘できよう。

このような行為記述・行為者特定にかかる変動場面において，法はこれまでどのように対処してきたか。ここでは（前述した理由から）刑事にかかる議論を起点に，①危険犯，②過失犯，③未遂犯について概観する。

① 危険犯，とりわけ抽象的危険犯論

リスク社会への対応において，まず念頭に浮かぶのは抽象的危険犯である。抽象的危険犯の典型は，現住在建造物放火罪のように不特定多数人の個人的法益に対して類型的に危険を発生させる傾向を持つ行為を処罰するものである。リスク社会においては「現代型抽象的危険犯は社会的リスク・マネジメントのために使われる立法手段」とも言われるように，法益保護のための抽象的危険犯の処罰は不可避ではある。しかし，そのリスクの拡大に対しては慎重な立場が多く，あくまでもシステムの機能条件を保護するものとし

---

16) 後述するように個人であるという尊厳が，（個人の尊厳というクリシェの裏側で）不文の条件を含んでいることを露出させる。

3 リスクの帰属と道徳的運について

て，抽象的危険犯を限定的に認めるとする立場が有力である[17]。

② 過失犯，とりわけ不作為過失犯

次いで検討すべきは過失犯，とりわけ過失不作為犯における処罰範囲の拡大傾向である。故意行為は法益侵害惹起の目的を持ってなされるものとして特定されるものの，過失行為にはそれが欠けるため，「法益侵害を志向する行為意思」を認めることはできず，「注意義務違反を志向する行為意思」の範囲で行為が特定されることになる[18]。リスク社会においては，すでに見た通りリスクの帰属先への感受性が高まる結果，多様な行為者に求められる結果回避措置が，必ずしも結果との連関を持つものばかりではなく，危険な傾向性を内包する政策に関する判断の当否などにかかる釈明責任に変化してしまう可能性が指摘されている。この結果，行為時点におけるリスク決断の当否が明らかではないとしても，事後的に見れば当該決断によって発生した結果は明らかであるという理由から，過失判断が行為者への非難可能性に基づく，責任判断としての負担要求可能性に基づく判断に転じてしまうという現象が見られるのである[19][20]。

③ 未 遂 犯

---

17)　謝煜偉「抽象的危険犯の現代的課題」刑事法ジャーナル33号（2012年）33頁を参照。なお，謝は，当罰的基準に関する指導原理として，累積犯説，単発行為侵害説，法益の二元的理解説を整理しており，参考になる。

18)　仲道祐樹『行為概念の再定位』（成文堂，2013年）182頁，191頁。

19)　杉本一敏「リスク社会と過失結果犯」刑事法ジャーナル33号（2012年）21頁。杉本は，薬害エイズ事件厚生省ルート（最決平成20年3月3日刑集62巻4号567頁）を題材として，過失におけるリスク連関論（危険の現実化論）の適用の限界を示すものとして論じている。なおここで杉本は，制約原理としての負担要求可能性と，ポジティヴな帰属原理としての負担可能性は異なるが，杉本は前者を取っているように見える。なお，負担要求可能性については，高橋則夫他『理論刑法学入門 刑法理論の味わい方』（日本評論社，2014年）40頁，45頁をあわせて参照。

20)　なお，吉岡による次の指摘も合わせて参照。「問題事象の予防・統制という観点からは，事象発生のプロセスについての法則的理解が不可欠であり，複雑な事故では関係者の協力を得た発生メカニズムと関連要因の解明が再発防止のためにも望まれる。過失処罰など行為者の責任を問う場合には，この事態解明の阻害要因となりうる」（吉岡一男『因果関係と刑事責任』成文堂，2006年）。ほか，事故の全容解明を目的として，行為司令の限界と結果の回避可能性を接続する議論として高橋・前掲注19)214頁を参照。

3．行為者性と道徳的運

　以上に加え，未遂犯を題材として，行為の危険傾向についての考えをリスク社会を背景として再考する議論も見受けられる[21]。リスク社会においては，リスクの未然回避の要求が高まるとともに，個人でも利用可能な技術的知見が拡大することで，ある行為者の置かれた状況や行為の容態の差異に着目しつつ，リスクを内包すると認識できる行為の傾向性もまた変化する。実質的危険にせよ形式的危険にせよ，既存のリスク判断を維持する限りは，未遂と認められうる範囲が拡張する[22]。ただし，傾向性処罰については，可能的なリスクの事前除去が現実的な自由の事前制約と表裏一体をなす点が更に問われることになる。

　以上のように，リスク社会における行為と行為者は，それぞれがもつ傾向性から逆に措定されうる。我々にとってリスクと見なされるものの範囲は，我々が持つ技術や社会秩序によって限定されるとともに，その技術や社会秩序の変更速度によって拡張される。そのため，リスク社会下の我々は，一方においてはリスクについてこれまで以上に敏感になるとともに，リスクの所在を様々な主体に帰属させる拡張傾向をもちながら，他方においてはあらかじめ除去可能なリスクを事前決定する縮小傾向を併せ持つことになるのである。

(2)　行為者と法

　リスク社会においては，自らにとって外部にあると見なされたリスクが増大する。逆説的に，リスクを引き受ける行為者が過大に包摂されるとともに，リスクを予め忌避する行動を促してしまう点においては一足飛びに責任の帰属に向かう圧力が高まることになる。

21）　安藤馨・大屋雄裕『法哲学と法哲学の対話』（有斐閣，2017年）第4章を参照。なお，これらは処罰早期化という処罰論に結びつけられることもあるが，この点については，刑事法ジャーナル・前掲注5）5頁における刑論論と犯罪論との峻別にかかる議論を参照。ただし，この点について，高橋・前掲注19）214頁以下において，過失犯の主体特定のためには刑罰論としての積極的一般予防論を導入せざるを得ないという議論を合わせて参照。

22）　甲斐・前掲注4）を参照。安藤ほか・前掲注21）第4章はここからさらに進んで，新派旧派の争いの選択へと論を進める。

3 リスクの帰属と道徳的運について

しかし，リスク社会のように我々行為者と行為のあり方が揺らぎつつある場面でこそ，個々の行為者には帰属しえない行為と責任の所在を取り出す必要がある。行為の傾向性を先取りしようとする圧力とは反対に，運や偶然性を取り込む形での行為と行為者の取り出しが問題である。

ここで，ラズの行為者についての議論を検討することは有益である。ラズは，行為者が責任を負いうる行為を画定するにあたり，コントロール可能性や意図，結果の深刻さといった伝統的要素と，行為者としての能力との関係について論じる。例えば，しばしばコントロール不可能な事象には責任を負わない[23]と述べられるものの，実際には，我々はそれらの少なくとも一部については責任を負わせている。ラズは，この点を道徳的運の議論に明示的に接続することで，行為者の自尊心を支えるアイデンティティ感覚に依拠した責任帰属方法を提案するものであり，ちょうど前節で論じてきた行為の傾向性を補完する論点を示している。以下，道徳的運の問題を概観した上で，ラズの論を敷衍する。

さて，そもそも道徳的運の問題は，我々は自らのコントロールの及ぶ対象に対してのみ道徳的な評価の対象となるという直観に反し，行為者自らのコントロールが及ばない（及ばなかった）要因が介在した場合における道徳的評価の局面において顕在化する。例えば異論のないこととして，「不随意運動，物理的な力，状況に対する無知」等が存在する場合などコントロールの明らかな不在状態において，道徳的判断を当人に下すことはできないことが挙げられるだろう。ネーゲルの定式化を用いるならば，「ある人の為すことの重要な一面が彼の意のままにならない要因に依存しているにもかかわらず，その点において彼を道徳的判断の対象とみなすことを我々がやめない場

---

23) そもそも因果関係または行為性を欠くとする見解として，山口厚『クローズアップ刑法総論』（成文堂，2003 年）を参照。「それをやめたとしても結果が発生してしまうような行為」は，条件関係がない行為として捉えることができるが，「やめようと思っても止めることができないような事態」は意思によってコントロールできない身体の動静である以上，行為性を喪失するだろう。これらはいずれも刑法的に処罰する意味を欠くが，その根拠において異なることになる。

3. 行為者性と道徳的運

合, その一面は道徳的運と呼ばれる」[24]。ネーゲルはウィリアムズの議論への応答において, ①結果的な運, ②構成的な運, ③環境的な運, ④原因的な運を提示する。すなわち, ①結果として発生してしまった事実と行為との関係, ②意思のコントロール下にない気性や性格からくる性質と行為との関係, ③我々のコントロール下になく直面してしまった局面と行為との関係, ④自由意志と行為の関係である。

とりわけ, 行為者 (agency) という概念と, 行為は出来事であり人は物であるという事実とは両立不可能とされる[25]。ネーゲルは, 行為者であるという概念を内的な視点から見られたもの (自分が, ひいては我々がなしたこと) として, 世界の一部としての行為と人とを外的な視点から見られたもの (自分も, ひいては我々に起こること) として区分する。内的視点と外的視点が並列するパラドクスこそが, 道徳的運の問題の核心にある。

しかし, これらの議論は, もっぱら意図によって結果をもコントロール可能な行為と, 運を天に任せる行為という二分法を維持しているために, 責任帰属の実践との距離は否めない。ラズは, ネーゲルによる内外の視点を「我々が何者であるのか」という点において統合することで, 道徳的運の問題は, 「その人自身がどのような人間であるのか」という問いを媒介にする形で, 行為の問題に接続する。

ラズは, コントロール不可能な事象を例えば次のように区分する。(a1)ギャンブルに身を投じたり, わざとリスクを取ったりする行為, (a2)我々の行動が影響力をほとんど持たない問題に依存する行為 (しかしギャンブル類似の行為ではないもの), (b)自分自身を構成する (例えば我自身のスキルと努力に依存するはずだと期待する) 行為である[26]。これらは, (a1)結果に至る引き金を引きうる行為, (a2)引き得ない行為, (b)結果自体のヴァリエーショ

---

24) トマス・ネーゲル『コウモリであるとはどのようなことか』(勁草書房, 1989 年) 43 頁。

25) ネーゲル・前掲注24) 及び青山拓央『時間と自由意志』(筑摩書房, 2016 年), 青山拓央「行為と出来事は直交するか」西日本哲学会報 18 号 (2010 年) 87 頁。

26) JOSEPH RAZ, AGENCY AND LUCK, Luck, Value, and Comittment: Themes from the Ethics of Bernard Williams, 2010, sec. 2.

3 リスクの帰属と道徳的運について

ンを形成する行為として言い換えることができるだろう。

　とりわけ，区分(b)は，私たちがコントロールできない側面も含めて，私たちが世界における参与に関わり，気にかけているということを示す。

　ラズは，これらを統合する形で，「ある理由をもってそうすべきとして行為すること，コントロールをもってそうすべきとして行為すること」ということが，既存の検討でなされてきた責任帰属の考え方であると整理する。これらを検討した上で，ラズは，まさに過失が道徳的運とこれらの原則とが齟齬なく統合できるように，代替案として合理的機能原則という基準を提示する。この基準は，責任を負う範囲を「合理的行為者たる能力が機能した結果として生じた行為」[27]とするものである。これは，睡眠や鎮静などと言った精神状態による身体運動を除外するだけではなく，人々の持つ責任の範囲を，人々の能力とアイデンティティ感覚に応じて変動するものとして捉えている。「人々は，自身が持つ行為者の能力の範囲に応じ，一様ではない。情報を吸収し，情報を熟考に使用し，結論に達し，結論に従って行動する能力，身体をコントロールする能力，自信を持って実行できる行動の範囲，彼らができることの状況は，かなり変わる。この原則はこれを考慮に入れている。この原則は，問題となっている人が持っている合理的な行為者の能力のために，行為の責任を主張する。人が責任を持つ行動の範囲は，それゆえ，その当時の行為者の能力の範囲に応じて一様ではないだろう」[28]。

　ラズは，この「私たちが何者であるか」の感覚は，様々な成功や失敗を通じて，「私たちが何者であるかへと自分自身を作り上げる仕方」であり，「私たちが何者であるかは，レレバントな意味において，私たちがいくつかの目標を追求し，その他の目標を遠ざけるという，私たちの傾向性と態度によって決定され」るものとして捉える[29]。

---

27)　Raz, supra note 26, sec. 1.

28)　Raz, supra note 26, sec. 5. なお，同時期における Raz, Being in the World Ratio vol. 23, 2010 及び From Normativity to Responsibility, 2011, ch. 13 も参照。

29)　Raz, supra note 26, sec. 3. なお，本稿に関連する限りで要約すれば，下記の通りである。

　①　私たちの人生，人生の成功，人生の失敗，そして人生の意味は，私たちが世界

3．行為者性と道徳的運

(3) 行為者性と人格形成

　以上のようなラズの考えからは，次のような洞察を引き出すことができる。すなわち，責任を問いうるための条件には合理的行為者たる能力がある[30]とともに，この能力が行為者の能力の範囲に応じて変動するという点である。個々の行為者の能力が，法に関係する限りにおいて，事後的でありながら展望的な目的とともに評価されることなしには，行為者という像が消滅することになる。

　このような考えは，かつて団藤重光が論じたような人格的責任論に接近するように見えるかもしれない。団藤によれば，人格の現実化たる行為は，人格環境と行為環境，そして素質によって決定されているものの，「人格の形成についても個々の行為についても各人に主体的な選択の余地が残されている」[31]。しかし，団藤の理論が非決定論（相対的非決定論）に基づく，行為時点までの全人格形成のプロセスを一般的な形で論じたのに対し，ラズの議論は人格形成における投企されたものとしてのプロセスを個別的に論じる点に

　　との相互交渉，すなわち世界への影響と世界からの影響と結びついている。
　② 私たちは，自身が獲得したスキルや，通常の自然な状況ならばどうやってうまくやれるかを知っているという自負に，多かれ少なかれ依拠している。
　③ 私たちの行為の一部とは無関係に決定されている私たちが何者であるかについての感覚は，私たちの能力とその限界の感覚によって決定され，それが目標や願望の限界をも定める。
　④ 私たちが誰であるかという感覚は，概ね私たちの能力やキャパシティに対する自信を強め，拡大したり弱めたりする私たちの行動を理解することによって形作られる。
　⑤ 上述の人間形成プロセスは規範的に推進されている。
　⑥ このプロセスにおいて，私たちの行動とその成功はともに，私たちが何者であるか，私たちが何者であるかを誰が決めるかを明らかにする。

30) 「私たちの自尊心を支えている「わたしたちが何者であるか」の感覚，そしてリスクをとったり避けたりする我々の傾向，それゆえの私たちの目標や野望というのは，わたしたちの合理的行為者の力が安全に信頼しうる領域を構築することにおける成功と関係している。その領域内で能力を維持するには，その領域内に置かれた行動に対して責任を負うことが必要だ。そのような行為について責任を否認することは，私たちが何者であるかについて誤りを犯すことになるのである」Raz, supra note 26, sec. 5 またこの点につき，瀧川裕英「責任能力は責任に依存する」法学教室 430 号（2016 年）12-13 頁を参照。

31) 団藤重光『刑法の近代的展開〔増訂版〕』（弘文堂，1953 年）274 頁。

3 リスクの帰属と道徳的運について

おいて袂を分かつ[32]。

この結果として，ラズの議論においては，個々の行為の背景をなす人格形成の契機を考慮に入れることが可能になる。「過失があるか全く無しかを決める諸事実によって，画一的かつ均質に過失あるすべての行為者を判定するのを拒否している。彼らの行動と結果のもつ重要性とは異なり，彼らの精神状態はかなりの程度バラバラなのである。機会においても，心と行動の習慣を反映することもまたそうなのだ」[33]。行為は一つ一つが独立したものではないように，行為者もまた，法則性や歴史性による物理的な客体であるとともに社会的な非難の客体として立ち上げられつつも，自己自身のイメージや自分が引き受けたその他の行為や願望等との全体論的な連関によって，合理性と理由の中に自らを埋め込みつつ行為をなすのである[34]。

この意味で，我々は我々が現在そうある偶然の環境を活用しながら，行為と理由に取り巻かれた世界に関与する主体となる。もちろん，その主体は偶然を統御しうる主体を意味するわけではないし，全てを偶然に委ねる主体でもない。偶然に関与し，「我々」が受け入れるべき偶然の範囲を暫時的に取り決める主体である。そのような関与と責任を結びつけることなしには，行為を（そして責任を）帰属することはできない。さらにそれが処罰に結びつくならば，自らの運命が偶然に委ねられているという信念を植え付ける（「刑法と哲学」『法と哲学』）ことにもなりかねない。責任を問うことが自由な意思を発現できる個人を初めて生み出す[35]のだとしても，環境関与を媒介とした「我々が何者であるか」の履歴と展望から行為者を位置付けることは，個

---

32) この点において，「行為と明らかに実質的な関連があり，しかも刑罰によって干渉することが妥当であり，有効である限度」で「行為にあらわれた人格しか問題とすべきでない」とする平野の見解と通じている。平野龍一『刑法の基礎』（東京大学出版会，1966 年）43 頁，堀内健三「団藤先生と人格形成責任論」論究ジュリスト 4 号（2013 年）を参照。

33) Raz, supra note 26, sec. 6.

34) この点で，伝統的に自律的行為者の徴表とされていた独立性と整合性をベースとしつつも，関係的な行為者性を探求するオニールの立論が参考になる。オノラ・オニール『正義の境界』（みすず書房，2016 年）を参照。なお，J. Fischer, Responsibility and Autonomy は自律性についての簡潔なまとめである。

35) 大屋雄裕『自由とは何か』（筑摩書房，2007 年），瀧川・前掲注30)。

人に帰される行為の限界を画するのである。

　およそ半世紀前，科学的人間像と主体的人間像の対立として論じられた団藤らによる議論は単に過去のものではない。第1節で見たように，リスク社会における行為責任原則の弛緩現象として現れているのは，かつての責任の回顧性／展望性をめぐる論争である。リスク社会に照らしてこの団藤らの主体と人格に関する議論を見返すことで，環境即応的に担いつつあるものとしての行為者像が浮かび上がらせることができる。

4．過失の帰属と「身分」

⑴　主体特定と過失

　以上で論じてきたように，行為は行為者本人の自己形成過程によって初めて十全に把握される。最終章である本章では，フェルベークからラズへと至る環境関与的で自己形成的な行為者という本稿で得られた視座と関連しつつも，今後の課題として残った論点を簡潔に列挙する。

　さて，第一に問題になるのは，複数の関与者が結果に関与する過失競合事例における主体特定の問題である[36]。横浜市大患者取り違え事件[37]，薬害エイズ事件厚生省ルート[38]，明石砂浜陥没事件[39]，明石歩道橋事件[40]，日航機ニアミス事件[41]，三菱自動車車輪脱落事件[42]，渋谷温泉爆発事件[43]等に見られるように，近時の事件は，組織・監督過失の問題のみならず，結果防止主体の拡散，結果防止義務の重畳化，安全システム整備の時間的延長といった問題も露見している。

　すでに見たように，抽象的に危険が顕在化しうることは予見できたとして

---

36)　不作為犯における主体限定の必要性については高橋・前掲注19)60頁。
37)　最決平成 19 年 3 月 26 日刑集 61 巻 2 号 131 頁。
38)　最決平成 20 年 3 月 3 日刑集 62 巻 4 号 567 頁。
39)　最決平成 21 年 12 月 7 日刑集 63 巻 11 号 2641 頁。
40)　最決平成 22 年 5 月 31 日刑集 64 巻 4 号 447 頁。
41)　最決平成 22 年 10 月 26 日刑集 64 巻 7 号 1019 頁。
42)　最決平成 24 年 2 月 8 日刑集 66 巻 4 号 200 頁。
43)　最決平成 28 年 5 月 25 日刑集第 70 巻 5 号 117 頁。

3 リスクの帰属と道徳的運について

も，具体的な危険の発生の予測が困難である場合に過失を問うこと[44]は，結果回避のための措置を説明責任に転化する問題があった。しかし，説明責任は必ずしも結果回避との連関を持たないために，主体をアドホックに拡散させかねないばかりか，道徳的な責めと法的責任を混同させかねない点において問題が残る。

フェルベークとラズに従えば，上記の道徳的運の議論とともに，過失について次のように論じうる。

例えば，過失犯については，特定の職業に就いたことから必然的に生じるリスクもある。もちろん，業務性が認められるような場合に，当該過失の有無，程度について，ある程度の加重が及ぶことは否定できない。しかし，専門分化と専門職連携が同時進行で進む今日においては，リスクの局所化と競合という複雑性を政策的に推し進めていると言っても良い。その場合に，義務を課された主体は，古川伸彦の『刑事過失論序説』の言葉を借りればいわば危険の強制的に引き受けさせられた主体となる。

(2) 偶然処罰と過失

次いで問題になるのは，偶然処罰との関係である。この主体の偶然特定の問題は，処罰の偶然性の問題[45]と表裏一体である。犯罪論を刑罰論を安易に繋げることは慎まねばならないものの，過失の特定にあたっては，極めて初

---

44) 明石砂丘陥没事件を参照。行為当時の行為者が取りうる結果回避措置が結果的に何ら変わらない場合には，予見可能性の対象は概括的なもので足りることとなるだろうが，反対に，予見可能性の対象が厳密なものであることが要求されるのは，結果回避措置が変わりうるものである場合である。結果回避措置が変わりうる以上は，行為者が現実の因果経過に肉薄した「因果関係の基本的部分」の予見可能性なしには，結果回避措置を自覚することができないためである。この点につき，「行為者に「現実の経緯Aそのもの」とは異なる「非現実の経緯B」の予見可能性しかないのに過失犯の成立が認められているのは，いずれも経緯Bの予見から思いつくことのできる結果回避措置Bの保護目的に現実の経緯Aも含まれていると言う場合に限られ」るとする見解として，杉本一敏「「因果関係の基本的部分」の予見可能性について——渋谷温泉爆発事件を契機に」刑事法ジャーナル50号（2016年）50頁を参照。

45) 哲学的議論として，罰のくじについて論じた DAVID. LEWIS, The Punishment That Leaves Something to Chance（1986）の思考実験が参考になる。

4．過失の帰属と「身分」

歩的なミスを回避する義務などを除き，いわば「オーダーメイドの規範」を事後的に作り出さねばならない。しかし，これは事前に潜在的被告人らにとっては明らかではない規範によって処罰を与えることであり，刑罰発動の条件たる抑止の趣旨も含まない。この点を捉えて，過失が偶然処罰であることを前提にする論も見られるものの，あくまでも刑事裁判が抑止目的で運用される限りは，同種同類の事故発生を防止するための一般予防的な再発防止に向けられた義務違反のみが，過失犯として公的に宣言することが求められる[46]。義務行為を展望的に細分化し，類型化することで国民への告知する機能を果たすならば，類型的に行為を免責する許された危険法理でも，個々の行為者の相互的予期における信頼の原則でもなく，当該業務遂行の安全性を向上させるための必要な措置の特定と履行をこそ，模索すべきだろう。

(3) 「身分」と過失

最後に，行為者という「身分」の問題への接続をもって論を閉じる。

本稿で論じてきたフェルベークからラズへと至る議論は，行為者の自己形成過程から主体特定を果たすものであった。これは，他方においてある種の身分を再来させるのではないか，という問題が生じる。この問題を，「高い身分」への一元化という形で論じているのがウォルドロンである。ウォルドロンは，法に内在する道徳の原理から離れるならば責任ある行為者としての人の持つ尊厳を貶めることになる，というフラーの一節を引きつつ[47]，憲法及び人権法における「人間の尊厳」という言葉が，全ての人間に対する高い法的身分（rank）と地位（status）[48]を意味するとしていた。奴隷制に代表さ

---

46) 高橋・前掲注19)215頁。そこでは，横浜市大患者取違え事件を例に，過失の判断対象が，1 裁判所のいう患者の同一性の徹底した確認義務という対象から，2 麻酔医の疑念について情報共有ができない状態にあった病院のチーム医療体制を改善すべき義務へとずれてしまっている問題が指摘されている。とりわけ，この中には麻酔の研修医も含まれており，主治医の手術続行の方針決定に対しては，抜け出したくても抜け出せない状況下にあった可能性も指摘されている。甲斐克則「過失・危険の防止と（刑事）責任の負担」法律時報 88 巻 7 号（2016 年）31-39 頁を参照。

47) Jeremy Waldron, Law, Dignity, and Self-Control, Dignity, Rank and Rights, 2012, 236-237.

48) Jeremy Waldron, supra note (47), 250.

3 リスクの帰属と道徳的運について

れる人の恒久的な地位を表す階層的地位（sortal-status）と，選択，偶然，継承といった諸条件に依存的な条件的地位（codition-status）を区分した上で，ウォルドロンは，互いに自尊心を持ちつつ，平等に互いを見上げ合うという高い地位の普遍化を標榜する[49]。

しかし，この平等な「高い身分」の普遍化の重みに，個人が耐えることができるかは自明ではない。リスク社会化，専門分化とともに社会的・経済的格差が表面化する現在において，この「高い身分」の普遍化を貫徹することが可能であるかは，自明ではない。むしろ，ヘイトスピーチ[50]に代表される排外主義やグローバルに進む保守主義の台頭は，本稿の関心に従えば，リスクと運という要素を回避してきたことのバックラッシュと呼べよう現象である。

では，「我々」は，この平等な「高い身分」の普遍化の重みに耐えられるのか。そのためには「我々」は，新たな条件的地位を自己形成する必要がある。条件的地位と「立憲主義の「法システム」の期待する行為を行う意思と能力を有していることの一般的証明」を接続する[51]ことは，普遍化された「高い身分」を再度，「我々」の中での選択の中に馴致するためには不可欠の過程となる。権利の内なる制約[52]として高い身分に伴う義務があるように，行為者たりうるための自己形成過程には環境関与的な「我々」を担う自己像が必要なのだ。

現代社会は，一方においてはリスクについてこれまで以上に敏感になるとともに，リスクの所在を様々な主体に帰属させる拡張傾向をもちながら，他

---

49) Jeremy Waldron, supra note (47), 243-244.

50) ウォルドロンのヘイトススピーチについての見解は，ジェレミー・ウォルドロン『ヘイト・スピーチという危害』（みすず書房，2015年）を参照。なお，Jeremy Waldron, Law, Dignity, and Self-Control, 234 でも見ることができる。なお，ウォルドロン『シティズンシップと尊厳』思想1114号（2016年）も参照。

51) 蟻川恒正『尊厳と身分』（岩波書店，2016年）55頁を参照。「元来，憲法上の権利の主体に対してその権利を可及的に保障するとともに，公共の福祉の実現をも企図している。かつての高い身分に属する者に対して保障された憲法上の権利は，社会公共のための義務の履行をその権利行使の目的ないし性質の裡に内在させていた（ノブレス・オブリジュ）と解することができる」

52) 蟻川・前掲注51）230頁注22。

方においてはあらかじめ除去可能なリスクを事前決定する縮小傾向を併せ持つように思われる。我々は，個々の「我々」と集合的な「我々」を同時に生きるとともに，各々の「我々」がなんであるか，なんであるべきかを問う。このように「我々」が何であるのかという問いが多層的である以上，客観的世界の一部であるとともに行為者でもある「我々」が引き受けるべきリスクもまた条件的地位に応じた多層を要請する。かくして冒頭のフェルベークの問いは，道徳的運とともにある「我々」の偶然性の問題に帰着するのである。

5．おわりに

リスク社会化は，我々の寛容を低下させる。保護主義へのバックラッシュと呼べよう全世界的な現象は，本稿の視座から見れば，リスクと運を個人化したことと表裏一体をなす。

ラズの言を借りれば，リスクと運によって分断された「我々」は一つの声で喋ってはいない[53]。リスク社会の中で，我々はリスクの帰属先を特定の事件に近接した個人か国家に帰属する傾向に駆られている。

しかし，すでに見たようにリスクは「我々」の決定のうちにあり，そのリスクを引き受けうる個人たりえない限りは，責任の帰属先も偶然によるところのものとなる。リスクと運をいま一度「我々」のものとし，誰しもに等しく訪れる偶然を「我々」が受け入れるというフィクションを現実のものとすることなしには，「我々」の社会は失われてしまうだろう。「責任を伴った媒介の形態」[54]こそが主体を形成する。リスクと運の議論は，このように「我々」の社会を動かしつつ統合するための蝶番をなしているのである。

ジョナサン・ウルフは，本稿でも度々参照したバーナード・ウィリアムズを引用しつつ，政策論争について哲学が果たしうる二つの役割を区別している。一つは，いま現在から出発して我々がたどり着ける最善の社会の姿を模

---

53) JOSEPH RAZ, Speaking with one voice: On Dworkinian integrity and coherence, 2004.
54) フェルベーク・前掲注1)『技術の道徳化』269頁。

3 リスクの帰属と道徳的運について

索する「プラグマティックな行動」を果たすことであり，もう一つは，将来の世代にとっての政策の文脈と論議を変更する「人々が持っている価値を形成することを望めそうな，物事の別のやり方についての議論とヴィジョンを示す」ことである[55]。本稿で論じたリスクと運のバックラッシュ現象は，現在における「我々」という一つの社会の姿を掘り崩しつつある。ある決定が下される時，潜在的な被影響者であることを知りつつ，「決定と未来の関係は，リスクという概念の中でしか把握できなくなる」[56]以上，リスクと運についての論争なしには，「我々」の社会の形を暫定的に定めつつ，新たなリスクに備えることはできないままに留まる。

---

55) ジョナサン・ウルフ『「正しい政策」がないならどうすべきか』（勁草書房，2011年）260-262頁。

56) ルーマン・前掲注10)『社会の政治』530頁。

第Ⅱ部

（会員論文）

4 地域における権利擁護支援事業についての考察
―― 福祉系 NPO による活動を中心として ――

三 野 寿 美

―――――――― 【要　旨】 ――――――――

　現行成年後見制度が発足し，平成 27 年 4 月で 15 年を迎え，この間，成年後見制度の利用者は着実に広がっているのみならず，後見の形態も，親族後見，専門職後見，市民後見，法人後見など多様化してきた。

　それらの中で，近年，NPO 法人や社会福祉協議会などの法人が相談を受け，制度の利用支援を行いあるいは後見受任をするという状況が現れてきており，この法人後見に対する行政の公的援助のあり方等についても議論がなされているところである。

　総論的には，この法人後見については，その役割等を限定的に捉える見解を始まりとしつつも，成年後見の社会化や法人後見のメリット等から，法人後見をより積極的に捉える見解が主張される方向で展開してきたといえる。

　さらに，近時は，地域において判断能力が不十分な人々が地域での安心した暮らしを支える権利擁護の支援として，成年後見制度が（日常生活自立支援事業とともに）期待されるに至っているが，きわめて難易度の高い事案については，社会福祉協議会の法人後見や NPO 法人がその重要な役割を担う場面が増加してきている。

　そこで，本稿は，法人後見の積極的活用を主張する立場から，その有益性や課題を若干の実践経験を踏まえて明らかにするとともに，法人後見の活動主体についても目を向け，NPO 法人による活動を中心に，社会福祉協議会の法人後見との比較・連携等にも考察を加える。

　その上で本稿は，法人後見を中心とした福祉系 NPO 法人が，今後の地域における権利擁護に貢献するための組織として，どのように業務を実践・拡大していくか等について，若干の実戦経験を踏まえ検討・分析を行い，その結果を提示することで，今後の地域における権利擁護体制の構築に関する各種研究に資することを目的とするものである。

　なお，本稿は，日本地域福祉学会 第 29 回全国大会（2015 年　東北福祉大学）「第 2 分科会（制度・政策①）」における研究発表（テーマは，「法人後見に

おける現状と課題——NPO 法人後見ネットかがわの活動を通じて——」＊法人後見の積極的活用を主張する立場から，その有益性や課題等実践経験を踏まえて明らかにする，が主な内容），日本 NPO 学会第 18 回年次大会（2016 年　同志社大学）「C4【研究・実践報告】組織のあり方と変革おける研究発表」における報告（「NPO 法人による法人後見の現状と課題——NPO 法人『後見ネットかがわ』の実践報告」＊前述の研究発表が，法人後見の積極的活用を主張するものであるのに比して，NPO 法人制度〔特に福祉系 NPO〕全体の研究・発展にも資する目的での実践報告）そして日本社会福祉学会第 64 回秋季大会（2016 年　仏教大学）「口頭発表 B　地域福祉 3」における研究発表（「福祉系 NPO による地域における権利擁護支援事業——実践経験に基づく現状と課題——」＊前記の二つの報告を踏まえ，法人後見を中心とした福祉系 NPO 法人が，今後の地域における権利擁護体制の構築に貢献するための各種研究に資する目的での実戦経験を踏まえた研究発表）の三つの学会発表・報告資料等を基に，それらに大幅に加筆，修正，そして再構成したものである。

1．序　　論

　近時，地域において判断能力が不十分な人々が地域での安心した暮らしを支える権利擁護[1]の支援として，成年後見制度が（日常生活自立支援事業とともに）期待されるに至っている[2]が，きわめて難易度の高い事案について

---

1)　権利擁護に関する大きな流れは，①民法における成年後見，②社会福祉における権利擁護事業が一つの契機となった（伊奈川秀和「当事者（福祉サービス利用者）の尊厳・人権擁護を考える　第 1 報告」日本社会福祉学会第 63 回秋季大会〔久留米大学〕レジュメ集」6 頁〔平成 27 年〕）といえる。

2)　そのための行政の支援策として，制度創設時より，「老人福祉法をはじめとする福祉関係法において市町村に『福祉を図るために特に必要があると認められるとき』に後見等の申立権を付与するほか，介護保険法，障害者自立支援法〔平成 25 年 4 月より障害者総合支援法〕においてそれぞれ利用支援事業等が位置づけられている。介護保険法では，『成年後見制度利用支援事業』が任意事業として位置づけられ，市町村長申立てにかかる低所得の高齢者の成年後見制度の申立てに要する経費や成年後見人等への報酬の助成等を行うこととされている。」「平成 24 年には，老人福祉法第 32 条の 2（後見等に係る体制の整備等）が新設され，成年後見人等の人材確保や育成や活用のための研修，推薦等の体制整備について，市町村には努力義務を，都道府県には援助が努力義務とすることを明示している。」（全国社会福祉協議会・地

は，社会福祉協議会の法人後見やNPO法人がその重要な役割を担う場面が増加してきている。

そこで，まず，法人後見の積極的活用を主張する立場から，その有益性や課題を整理・検討し，次いで，法人後見の活動主体についても目を向け，NPO法人（本稿では，特に「社会貢献型」[3]を想定している。また，副次的にNPO全体の研究・発展にも資するものとする）による活動を中心に，社会福祉協議会の法人後見との比較・連携等に考察を加える。

以上を踏まえ，本稿は，法人後見を中心とした福祉系NPO法人が，今後の地域における権利擁護に貢献するための組織として，どのように業務を実践・拡大していくか等について，若干の実戦経験をも踏まえ検討・分析を行い，その結果を提示することで，今後の地域における包括的権利擁護体制の構築に関する各種研究に資することを目的とするものである。

2．法人後見に関する総論的考察

⑴　法人後見の意義等
まず，法人後見の現状，立法の経緯等について若干触れておく。

⒜　法人後見の現状
法人後見人が選任された件数については，平成28年2,181件，平成27年

域福祉権利擁護に関する検討委員会「平成24年度厚生労働省社会福祉推進事業『地域における総合的な権利擁護体制の構築に関する調査研究』報告書」8-9頁〔平成25年〕）等関係法に規定されるなどしている（その他，詳しくは同報告書参照）。

3) 「社会貢献型」は，「文字通り，地域の権利擁護支援の方法としての成年後見制度の活用（例えば，虐待対応や生活困窮の改善等）を行う，社会貢献を目的とした法人である。その多くは公的事業（委託または補助事業）として位置付けられた成年後見センター等」「や権利擁護支援センター等として活動している」。「事業型」は，成年後見受任を主たる事業内容（任意後見を含む）として独自活動を行い，後見報酬を主たる財源として運営している法人を指している。その中には，後見受任だけではなく，関係する専門職とも連携して，相続への対応や遺言の作成，死後事務や保証人としての対応等，関連する多様なサービスを有料の事業として行うものもある。これらも社会資源として高齢者を中心として一定の支援ニーズに対応するサービス提供を担っていると言える。」（特定非営利活動法人PASネット「厚生労働省平成25年度社会福祉推進事業『法人後見のあり方等に関する調査研究事業報告書』6頁（本報告は，ウェブサイト〈http://www.pasnet.org/〉に掲載されている）。

4 地域における権利擁護支援事業についての考察

2,006 件，平成 26 年 1,836 件，平成 25 年　1,519 件，平成 24 年 1,286 件，平成 23 年 1,122 件，となっている[4]（なお，成年後見全体としては，総数約34,000 件申立て，約 95％認容　約 32,000 件〔平成 27／28 年ほぼ同数〕である）。

　成年後見制度全体に占める割合等について，平成 23 年を例に挙げると「成年後見関係事件の概況（平成 23 年 1 月～12 月）」（最高裁判所事務総局）では，平成 23 年 1 年間の後見等の開始についての申立件数の合計は 31,402件，申立件数のうち成年後見人等が選任された 29,143 件について，選任された成年後見人等と本人の関係をみると，全体の 55.6％の 16,420 件が親族であり，親族以外の第三者が成年後見人等に選任されたものは，13,176 件で全体の約 44.4％（前年は約 41.4％）であり，第三者が成年後見人等に選任される割合が増加する傾向にある。

　第三者が成年後見人等に選任されたものの内訳をみると，専門職（弁護士，司法書士，社会福祉士，税理士，行政書士，精神保健福祉士）が 11,683 件で第三者後見等全体の 88.7％を占め，なかでも弁護士（3,278 件），司法書士（4,872 件），社会福祉士（2,740 件）が主要な担い手となっている。また，法人後見が 1,122 件で第三者後見等の 8.5％を占め，そのうち社会福祉協議会が 340 件で 30.3％を占めている（なお，平成 26 年，社会福祉協議会が法人後見全体に占める割合は，約 38％である）[5]。

(b)　立法の経緯

　そもそも法人後見が認められることとなったのは，「近年痴呆柱高齢者・知的障害者・精神障害者等のニーズの多様化に伴い，福祉関係の事業を行う

---

4)　ただし，この数字は，裁判所のウェブサイト〈http://www.courts.go.jp〉の公表資料「成年後見関係事件の概況」による統計の項目として，「社会福祉協議会」，「その他の法人」（これには，公益社団・財団法人，一般社団・財団法人，NPO 法人などが該当する）を合算したものである。

5)　全国社会福祉協議会・地域福祉権利擁護に関する検討委員会「平成 24 年度厚生労働省社会福祉推進事業『地域における総合的な権利擁護体制の構築に関する調査研究』報告書」8 頁（平成 25 年）の要旨である。

　　本文で紹介したように，法人後見全体の受任件数としては，平成 27 年 2,006 件であったが，内「社会福祉協議会」821 件（裁判所のウェブサイト〈http://www.courts.go.jp〉の公表資料「成年後見関係事件の概況」に掲載されている）である。＊法人後見全体に占める割合約 40％ということになる。

法人がその人的・物的な態勢を組織的に活用して本人の財産管理・身上監護の事務を遂行することが必要かつ適切な場合がありうることが指摘されており，また，本人に身寄りがない場合には適当な成年後見人等の候浦者を見いだすことが困難であることが少なくなく，そのような場合の受け皿として法人の成年後見人等を認めることの必要性も指摘されていました。諸外国の立法例も，法人を成年後見人等に選任することを認める旨の規定を置くのが最近の趨勢です。そこで，新法では，痴呆性高齢者・知的障害者・精神障害者等の多様なニーズに応えるために後見等の態勢についての選択肢を広げるという観点から」[6]であった。

　なお，新たな法現象として，成年後見制度の利用の促進に関する法律が平成 28 年 4 月 15 日に公布，同年 5 月 13 日に施行された。今後，今回の法制定の背景の理解，同法が掲げる基本理念や基本指針，促進に関する施策の検討方法，国・地方公共団体や関係機関に求められること等を把握しておくことが必要，と考えられるが，ここでは立ち入らない。

⑵　**法人後見のメリット，デメリット**

　ここからは，法人後見のメリット等について考察する。

　法人後見については，平成 12 年改正の検討段階から，そのメリットとして「①親族間に紛争がある事件など個人で対応すること灘しい事件にも対応できる，②知的障害者など長期間の支援を要する事案にも対応できる，③身寄りも財産もない者が成年後見制度を利用する場合に相当であるなどの指摘がされていた。」その一方で，「①自然人のように顔が見えないから，本人との信頼関係を構築しづらい，②意思決定に時間が掛かり機動的な対応ができないなどの点」[7]が，デメリットとされていた。

　また，上山教授は，法人を成年後見等とするメリットとして，「①利用者

---

6)　小林明彦＝大門匡編『新成年後見制度の解説』126 頁（金融財政事情研究会，2000年）。

7)　小池信行「第 1 章地域後見への途──我が国の成年後見制度の歩み」小池信行・森山彰編『地域後見の実現〜その主役・市民後見人の育成から法人後見による支援の組織づくり，新しい後見職務の在り方，権利擁護の推進まで』』22 頁（日本加除出版，2014 年）。

4 地域における権利擁護支援事業についての考察

がまだ若年であるなど，長期継続性のある事案に対応しやすいこと（知的障がい者のケースでは特に重要），②利用者の資産が各地に点在している場合のように，事務の対象地が広範囲に及ぶ事案に対応しやすいこと，③担当者の交代が可能であること，④利用者，後見事務担当者の双方にとって心理的効果（法人に対する信頼性や事務担当者の負担軽減等），⑤障がい者施設等の入所者を対象とした集団的な後見開始審判申し立てへの対応が可能である，⑥個人後見人では対応の難しい，きわめて難易度の高い事案（利用者が触法精神障がい者の事案や親族からの干渉が激しい事案等）や，⑦離島のような専門職の人数がゼロかそれに近い地域での事案についても法人後見による対応が行われている」[8]を挙げている[9]。

(3) 若干の検討

まず，上山教授の挙げているメリットについて実践の場でえられた若干の経験・知識等を中心に検討する（したがって，必ずしも網羅的，体系的でないことを予めお断りする）。

(a) 法人後見のメリット

まず，①については，特に未成年後見の時から受任している場合を想定すれば納得できるものであり，しかし，同時に NPO 法人の場合，長期間の組

---

8) 上山泰「専門職後見人と身上監護〔第3版〕」62頁（民事法研究会，2015年）。

9) さらに整理・追加等すれば，メリットとして，「①長期間の後見への対応，②様々な分野の人材の確保，③事務担当者の交代，④組織内チェック体制，⑤ノウ・ハウの蓄積」，デメリットとして「①担当者の頻繁な交代により顔の見えない後見となる，②責任の所在が不明確になるおそれ，③組織維持コストと財政基盤，④営利法人の場合に倒産の可能性」（西森利樹「博士課程後期学位論文　成年後見制度における法人後見の果たすべき役割──高齢期の生活継続性を確保する支援体制の確立に向けて──」42頁〔横浜国立大学大学院環境情報学府，2014年〕）ということになる。

　また，実戦経験に基づく報告として，特に，身上監護の側面に関するメリットとして，「・施設にとって法人の存在は外部の目，刺激となっている（法人後見が外出支援などを行ったことにより，施設の行事にも変化が生じた）。・身上監護に重点をおいた後見ができている。・障害者とのコミュニケーションに慣れている専門職が多い（専門職後見人と比べて本人と関係性を構築しやすい）。・虐待など深刻な問題が起こった時の対応をチームでできる。」（西田ちゆき「神奈川県下における NPO 型法人後見の現状と課題」日本地域福祉学会　第30回〔2015年〕全国大会〔日本社会事業大〕第2分科会における報告の内容の一部である）との指摘もある。

2．法人後見に関する総論的考察

織の存続，そしてそれを支える財政基盤が必要となってくる，と考える。

また，③については，これも長期間の関与を想定すれば，当然納得できるものである。さらに，近年は，任意後見についても受託（契約）する法人が増えてきているが，こちらについても同様，と考えるものである。

すなわち，任意後見に関しては，2012年7月の日本成年後見法学会制度改正研究委員会「任意後見制度の改善・改正の提言」で，「予備的な任意後見受任者の定めを認めること」が提言されている[10]が，これは，「任意後見人が病気等でその職務を遂行することが困難になり，また，死亡すれば任意後見契約は終了してしまうため，そのような事態を防止し，継続して任意後見による支援を受ける必要性がある。」との理由からの提言である。しかし，このような問題点は，法人後見であれば克服できるものであり，現行法制を前提とした場合の法人後見のメリットともいえそうである。

そして，⑥については，実際に受任しているNPO法人も多く存し，また，「高齢であったり障害のある人のなかで，福祉的支援が必要であるにもかかわらず，適切な支援を受けられなかったがために罪を犯し，刑務所に入っている人がいることが明らかとなってきました。また，刑務所入所者のなかには判断能力が低下している人もあり，これらの人たちへの成年後見制度を活用した支援が必要であると考えます。」[11]とする見解もあり納得出来

---

10) 同一の公正証書で複数の任意後見受任者と契約し，その間順位をつけることを可能とすべき，としている。

　　「任意後見人が病気等でその職務を遂行することが困難になり，また，死亡すれば任意後見契約は終了してしまうため，そのような事態を防止し，継続して任意後見による支援を受ける必要性がある。そのため，同時に2名の任意後見人候補者を定めても，特別の事情がある場合を除き，2名が同時に後見事務を行う必要はないことが多い。したがって，予備的受任者の定めを有効として登記を認めることが必要となる。複数任意後見人に数字を付して順位を表し，どの任意後見人が現在活動中であるかを表示することは容易と思われるので，登記上これを認めても支障はない」。との理由からの提言である（原文については，成年後見法学会ホームページ〈http://www.jaga.gr.jp〉の「制度改正研究委員会」に掲載されている）。

11) 日本司法福祉学会　第11回全国大会（名古屋芸術大学）・第5分科会における，鷲野明美愛知県社会福祉士会理事の発言である。

　　また，同分科会においては，NPO法人東濃後見センター事務局長山田隆司氏より「東濃後見センターでは，これまでに刑務所から出所した人の後見をしたことがあ

4 地域における権利擁護支援事業についての考察

るものである。

　以上に関して，付言すれば，実践の場における経験として，参加している
NPO法人においては，前記までのごとく困難な事案については，まず自治
体関係者からの相談等を受け市町村長申立てを行った上で受託するというパ
ターンが大部分である。

　(b)　デメリット

　一方，デメリットについては，ある程度克服できると考える。

　(2)・(b)において既に紹介したデメリットとして「①自然人のように顔が見
えないから，本人との信頼関係を構築しづらい，②意思決定に時間が掛かり
機動的な対応ができないなどの点」が挙げられており，そのため，新制度の
開始の当初においては，第三者後見人を選任する場合には，まずは個人であ
る後見人を選任するのが望ましいとする考え方が優勢であった。しかし，
「現在では，これまでの実務経験を通じて，法人後見のメリットが随所で検
証され，法人後見こそが成年後見を担う本命であるとする考え方も有力に
なってきている。当初懸念された法人後見のデメリットというのも頭の中で
構想した観念的なものであり，実務では，法人の担当者を固定したり，複数
配置するなどの工夫により本人との意思疎通を図ることができるし，法人内
部のスタッフ体制を充実させることによって，意思決定をスピーディにする
ことも可能なのである」[12]との見解が（実践の現場における実感として）支持
できるように思われる。

　また，多様な担当者を配置できる。例えば筆者が関与しているNPO法人
では，基本は，弁護士及び社会福祉士の2名が担当しているのであるが，弁
護士に人権擁護委員という配置もあり（これによって，被後見人への見守りを

り，また，後見受任していた人のなかで犯罪行為を犯し，何度か逮捕された人もあ
りました。知的障害や精神障害のある人を支援するには成年後見制度が有効です
し，罪を犯した際に損害賠償等の社会的責任を果たす際にも必要だと思います。」，
との発言もあった（以上，日本司法福祉学会「第11回大会・第5分科会　法人後見
の現状と課題——愛知・岐阜・三重での実践をふまえて」司法福祉学研究11号203
頁（日本司法福祉学会，2011年）。

12)　小池・前掲注7)22-23頁。

行っている），状況によって配置を工夫することも可能であるなど，そのメリットが随所で発揮できる，と考えるものである。

　以上であるが，この様に見ていくと，現在では，多くの実務経験を通じて，法人後見のメリットが検証され，法人後見こそが成年後見を担う本命であるとする考え方も有力になってきていることが，容易に理解できる，と考える。

3．法人後見の活動主体に関する検討

　ここからは，法人後見の活動主体について，特に社会福祉協議会とNPO法人の違い，あるいは連携等に関する考察を加える（その他職能団体として後見人事業に取り組んでいる著名な例としては，公益社団法人：成年後見センター・リーガルサポート〔司法書士〕，社団法人日本社会福祉士会：成年後見センター・ぱあとなあ等がある）。

(1)　法人後見の動向

　また，法人後見の活動主体として，「地方では社会福祉協議会が，都市部ではNPO等の民間法人が増加してきたが，この背景としては，行政の公的責任として権利擁護支援の推進が意識化され，その具体的な対応として成年後見センターまたは権利擁護支援センター等の公的な事業（補助又は委託を問わず）の誕生が挙げられる。しかし，その一方で，一部専門職団体等の動きとして，成年後見の受任等（相続・遺言，死後事務，保証人，見守り等を含む）を主に高齢者対象の「事業」として位置付けて展開していく動きも出てきている。」[13]ということである。

　法人後見全体の動向については既に触れたように，社会福祉協議会が多数を占めかつ増加傾向を示している。

---

13)　特定非営利活動法人PASネット「厚生労働省平成25年度社会福祉推進事業『法人後見のあり方等に関する調査研究事業報告書』3頁（本報告は，ウェブサイト〈http://www.pasnet.org/〉に掲載されている）。

4　地域における権利擁護支援事業についての考察

(2)　社会福祉協議会

このように，法人後見受任件数の多い社会福祉協議会について，以下，その活動等概括等してみる。

(a)　概　　要

社会福祉協議会は，平成12年に改正された社会福祉法において地域福祉の推進役として新たに位置づけられており，一定の地域において，社会福祉を目的とする事業を経営する者，社会福祉に関する活動を行う者などの協力を得て，地域の実情に応じた住民の福祉の増進を図ることを目的とする民間組織である（社会福祉協議会は，全国の市区町村，都道府県および中央の各段階に組織されている。全国の社会福祉協議会の数は，平成25年4月1日現在で1,920であり，その内訳は市区町村1,852，都道府県47，指定都市20，全国1である）[14]。

(b)　社会福祉協議会における成年後見制度の取組み

この社会福祉協議会における成年後見制度の取組みは，成年後見制度を推進する機関としての機能のほか，成年後見人等の受任，社会貢献型後見人等の市民後見人の育成・支援，後見監督人の受任など幅広いものである。

そして，成年後見制度の推進における社会福祉協議会の第一義的な役割や視点としては，「成年後見制度推進のための地域づくりとネットワークづくり」があり，その中で具体的に社協がどのような役割を担うかについては，それぞれの地域の社会資源の状況や支援を必要とする方のニーズにより異なるだろうが，アプローチの方策として「法人後見の受任」，「市民後見人の育成・支援」，「後見人等サポート」などが挙げられる[15]。

この社会福祉協議会による法人後見に関する基本的な考え方としては，「地域におけるセーフティネットとしての役割を果たす視点から，基本的に後見人の受け皿が他にない場合の最後の手段として，社協が法人後見を担う意義があると考えられる。」，「社協の行う法人後見では，特に身上監護を中

---

14)　厚生労働統計協会「国民の福祉と介護の動向・厚生の指標増刊」977号259頁（2015年）。

15)　東京都社会福祉協議会「区市町村社会福祉協議会における成年後見制度の取組み〜法人後見と法人後見監督のあり方を中心に〜」15頁（2010年）。

3．法人後見の活動主体に関する検討

心とした後見業務が考えられる。社協はこれまで地権事業の取組みをはじめとして，行政を含めた様々な関係機関と連携・調整しながら事業を行うとともに，必要とされる社会資源の開拓にも取組んできたが，こうした活動を通し，社協自身にも多くのノウハウが蓄積されてきており，また専門職からも社協の持つ社会福祉の専門性への評価もある。こうしたノウハウと行政や専門職とのネットワークを活かすことで，社協の法人後見では，質の高い身上監護を中心とした後見業務を行うことが可能だと考えられる。」[16]としている。

(c) 若干注意すべき点

次に，この社会福祉協議会による法人後見について，若干注意すべき点を挙げてみる。

上山教授は，「近年，市民後見の運用の流れの中で，地域の市民後見人養成研修の修了者等を後見支援員として活用して，市町村社会福祉協議会が市民後見型の法人後見を実施する例が増えてきています。しかし，福祉サービスのインフラが脆弱な地域では，サービスの唯一の提供主体が事業型社会福祉協議会であるということことも少なくありません。こうした地域では，やむを得ず，サービス提供者である事業型社会福祉協議会をサービス利用者の法人後見人に選任するといった事例もありますが，こうした構造的な利益相反関係にある法人を選任する場合には，適正な後見監督人を付けるなどの厳格な監督体制の保障を絶対条件とするべきでしょう。」[17]としている。

この問題については，その他，「家庭裁判所に助言を受けて対応するとともに，外部の専門職等も交えた委員会等を設置するなどして判断するしくみを設ける」[18]ことで対応することも考えられるが[19]，いずれにせよ法人後見

---

16) 東京都社会福祉協議会・前掲注15)16頁。
17) 上山・前掲注8)63頁。
18) 東京都社会福祉協議会・前掲注15)24頁。
19) 第12回 四国地域福祉実践セミナー in 香川・高松市（主催 四国地域福祉実践セミナー高松市実行委員会）における分科会「地域の総合的な権利擁護体制の構築に向けて」において，八幡浜市社会福祉協議会よりこのような問題に関する報告があった（具体的には，〔弁護士過疎地域における〕法曹関係者の第三者機関への参加を依頼する困難さについて説明であった。ただし，この報告は，社会福祉協議会の

4 地域における権利擁護支援事業についての考察

運用の際の注意点として意識しておかなければならない，と考えるものであるだけでなく，社協が参画している NPO 法人の場合にも，同様と考えるものである。

　以上，社会福祉協議会による法人後見の現状と若干の課題について，概括してみた。

　基本的に，地域福祉の推進役として位置づけられている社会福祉協議会については，法人後見の活動主体としてもふさわしいともいえ，現在，法人後見の多数を占めていることにも納得できるものである。

　(3)　NPO 法人

　次に，NPO 法人について検討する[20]。

　(a)　概　　要

　近年，福祉，環境，国際協力など様々な分野において，ボランティア活動をはじめとした民間非営利団体による社会貢献活動が活発化しており，その活動が期待されている。

　従前から，法人格を持たない民間の非営利団体では，活動に関連する法律

　　各種事業に関して，福祉サービスに関連する課題として述べられたものであることに若干注意を要する）。

[20]　承知の通り，「NPO 法人とは，特定非営利活動促進法（以下 NPO 法）に基づき法人各を与えられた特定非営利活動法人（以下 NPO 法人）であり，1998 年に施行された NPO 法は，前年の 1997 年に起こった阪大震災時の災害支援における民間のボランティア活動を支援する動きの中で生まれた，新たな法人格を与える制度であった。その後，社会情勢の変化に伴い法改正が行われてきたが，近年では，NPO 法人に関する会計，税制および制度改革など，様々な改正が行われており，NPO 法人は新たな局面にあるといえよう」（中嶋貴子「1 章 NPO 法人」山内直人・田中敬文・奥山尚子編『NPO 白書 2013』7 頁〔大阪大学 NPO 研究情報センター，2013 年〕），といえ，したがって，本稿では主たる業務だけでなく，NPO 法人としての活動全般にも触れることとし，NPO 法人全体の研究・発展にも資するものとする。
　　すなわち，例えば，「多くの NPO（全てではない）が市民参加の促進を団体の 1 つの役割と認識している。しかし政策的展開，NPO の役割意識，研究者による期待，政府の意向がある一方で，NPO が市民と行政をつなぐ中間組織として，誰にどのような参加を提供しているのかという点は未だ議論が十分とはいえない」（山下順子「福祉 NPO と市民参加」盛山和夫・上野千鶴子・武川正吾編『公共社会学 2 少子高齢社会の公共性』193 頁〔東京大学出版会，2012 年〕）のであり，このような面でNPO としての活動を考察すること自体有益と考えるものである。

3．法人後見の活動主体に関する検討

行為を必要とする際に様々な不都合が生じていた。民間での社会に貢献する活動を促進するために，平成10年12月に簡易な手続きで法人格を付与することなどを的とした特定非営利活動促進法（NPO法）が施行された[21]のである。

　この特定非営利活動法人（NPO法人）は，平成27年3月末現在で50,090法人が認証を受けており，そのうち活動の種類として，「保健，医療又は福祉の増進を図る活動」が，29,315件（58.5％）と大変な数となっている[22]のであるが，その一方で，「1．法人後見に関する総論的考察・(1)法人後見の意義等・(a)法人後見の現状」の数字から見れば，NPO法人による法人後見受任件数自体は少数であることが推測でき，したがって現在，NPO法人による法人後見は主力となっていない，といい得る。

(b)　NPO法人による法人後見の意義

　そこで，ここではNPO法人による法人後見の意義について考える。

　前項で，社会福祉協議会における事業について触れたように，成年後見制度を推進する機関としての機能のほか，成年後見人等の受任，社会貢献型後見人等の市民後見人の育成・支援，後見監督人の受任など幅広いものである。

　しかし，この内容自体NPO法人によっても既に行われているものであり，したがって，社会福祉協議会との違いを事業内容から見いだすことは難しい，といってよい。

　実際，「全社協　福祉ビジョン2011 第2次行動方針」[23]においては，NPO

---

21)　厚生労働統計協会・前掲注14) 261頁。
22)　厚生労働統計協会・前掲注14) 261頁。
23)　これは，当然，成年後見のみを対象にしたものではなく，現在の福祉課題・生活課題を明らかにし，求められる変革，めざす福祉の姿を提示し，その実現に向けて必要となる取り組みについて，国・地方自治体へ呼びかけ，広く国民へ発信するとともに，新しい課題に向き合う社会福祉法人等の責任と使命（行動方針）を明確にすべくまとめられたものである（全国社会福祉協議会政策委員会のウェブサイト〈http://zseisaku.net/〉において公開されている。）。＊この指針は，直接的には全国社会福祉協議会政策委員会の構成組織がこの方針で取り組むと言うことであるが，全国社会福祉協議会政策委員には，社会福祉関係者が多数加わっているため，本行動方針では「社会福祉協議会」ではなく「社会福祉法人」との表現を用いている。

法人について，「NPO 法人は，福祉課題・生活課題に柔軟かつ迅速に取り組むことが可能な組織として社会福祉法人とは異なった活動形態により地域社会で重要な役割を発揮しています。一方，NPO 法人は公益性の高い法人として，社会福祉法人と最も近い法人であると言えます。」[24]と述べているように，きわめて接近している存在といえる。また，ここでは，「多様な人びとの生活を支援していく上で，このような共通点，相違点を踏まえて NPO 法人と連携関係を築くことは社会福祉法人にとって，極めて重要です。」[25]とも述べている。

(c)　若干の検討

社会福祉協議会は，既に触れたように，平成 12 年に改正された社会福祉法において地域福祉の推進役として新たに位置づけられており，社会福祉に関するこれまでの実績，そこから得たノウハウ等の蓄積があり，きわめて有益な団体といってよいが[26]，しかし一方で，NPO 法人との違いは，法人後見に関していえば，その違いがはっきりしない。

これは，一つには前項で触れたように，NPO 法人の活動自体が社協とは異なった活動形態によるものの，しかし，社協と同種の内容の活動を行い地域社会において重要かつ多様な役割を発揮しているため，違いが見いだしにくいこと。

また，一つには社協活動が，各地域の祉協によって異なること，創設以来

---

24)　全国社会福祉協議会政策委員会「全社協　福祉ビジョン 2011 第 2 次行動方針」9 頁（2015 年）。

25)　全国社会福祉協議会政策委員会・前掲注24)9 頁。

26)　「社協を取り巻く昨今の状況をみると，矢継ぎ早に示される制度改革の波に飲み込まれそうな危うさを残しつつ，今後の社協に期待を寄せる声は少なくない。それは，社協が多様な価値観を有する人々が生活する地域社会を包括的に視野に入れ，地域社会を創り変えていく可能性を持っているからではないだろうか。その意味で社協は，政府によって担われる公的な社会福祉と市民社会の交差地点に立ち，住民の内発性を引き出す極めて重要な役割を担う存在であると言えよう。」（飯村史恵「『地域福祉の時代』における市区町村社会福祉協議会の展望──住民会員制度と住民参加に関する試論──」橋本宏子・飯村史恵・井上匡子『社会福祉協議会の実態と展望　法学・社会福祉学の観点から』138 頁〔神奈川大学法学研究所叢書，2015 年〕）との見解には，納得できるものがあるからである。

3．法人後見の活動主体に関する検討

の曖昧さ[27]，現在における混迷[28]等あり，単純に評価・定義できないこと[29]，などによると考えるものである。

端的にいえば，いずれも多様さ，曖昧さを持っているためその違いを明確に出来ない，ということになる。

次に，社協との連携について，考察を加えてみる。

総論的に，各種 NPO は，中間支援組織が必要といわれており，「こうした NPO の支援[30]，仲介，政策提言・形成といった中間支援組織に求められる機能（役割）については，その必要性の認識が共有化され，取組みが進むようになってきた。」[31]とのことである。

この現状を考えれば，NPO 法人による法人後見[32]については，この様な

27） 橋本宏子「中間媒介組織としての社会福祉協議会へ──研究の視角と方向性──」橋本宏子・飯村史恵・井上匡子『社会福祉協議会の実態と展望　法学・社会福祉学の観点から』1 頁以下（神奈川大学法学研究所叢書，2015 年）では，随所に社協の持つ曖昧さを指摘している。＊なお本論文は，行政と市民を結ぶ中間媒介組織としての役割を社会福祉協議会に求めるものである。

28） 飯村・前掲注26)97-98 頁。

29） しかし，そもそも社協活動の評価に関しては，「例えば，福祉サービスの窓口や手続が複雑化してきたことにより「たらい回し」にされた，庭木やペットが原因で隣人とトラブルになっている，どこの機関でも「クレーマー」扱いされて受け入れてもらえない等々，社協に日々持ち込まれるありとあらゆる多様なニーズの受け止めと，その時点での可能な限り成し得る「対応」である。これらの多様な「相談」や「対応」の蓄積が，困難を抱える当事者の力となってきたことは紛れもない事実であろう。しかしそれは極めて『見えにくい成果』であり，社協という組織に対する行政や地域住民の「評価」には直結していないのではないだろうか」（飯村・前掲注26)136-137 頁）といえるものであるから，といってよく，しかしそれ故その活動は，きわめて重要であるといえるものである。

30） なお，国の NPO 法人支援のため税制上の優遇措置として設けられた制度である「認定 NPO 法人制度」の利用は，徐々に増加している。＊内閣府 NPO のウェブサイト〈https://www.NPO-homepage.go.jp/〉の公表資料「認定・仮認定 NPO 法人数等に掲載されている。

31） 今瀬政司「地域主権時代の新しい公共：希望を拓く NPO と自治・協働改革」91 頁（学芸出版社，2011 年）。

32） これは，さらには福祉系 NPO 全体にも該当するものと考えるものである。
そもそも，「社協活動の真髄が，『事業』や『サービス』という枠組みから，果たして抽出でき得るのか，という問題があり，すなわち，社協は制度で対応できない対象者への支援を行う組織でもある等の言説が，社協の固有性であり，独自性であるとすれば，これらに相当する地道な「対応」は，社協が担っている「事業」や「サー

4 地域における権利擁護支援事業についての考察

「中間支援組織」の役割を社会福祉協議会が担うということでよいのでは，と思える[33]。

逆に，例えば，社協に不足しているとされる，「社協に不足する法律的な専門性等を補うための専門職による技術支援や第三者的な業務チェック等のバックアップ体制を確保する必要がある」[34]との指摘もあり，このような場合は，逆に法律専門職が多数参加しているNPO法人が支援[35]すればよい，

ビス」のみを詳細に分析してみても，簡単には明らかにはならない。これらの「対応」は，社協が看板を掲げて実施している「事業」や「サービス」の外側に存在していると考えられるからである。」（飯村・前掲注26）137頁の要旨である。）というように，この外側に存する部分を背後から支える組織が，特に福祉分野においては必要，と考えるからである。

　さらに言えば，旧来のわが国福祉レジームである①代替的緩和（家族の自己責任原理」の適用範囲そのものを縮小し，その部分についてはもはや自助・自立をもとめず，国等が肩代わりするという形での緩和）ではなく，補完的緩和（家族を支援して家族の自助・自立能力補強することにより，家族が家族責任を遂行することができるようにすること）を中心として生活保障，②「個人化」ではなく，「共同体化」という手法で「自己責任原理」の緩和，③「共同体化」が企業や市場，地域にも広がり，「共同体化」の中で家族の生活と生存，というわが国福祉レジームは，グローバリゼーションや高齢化社会等の要因によって1990年以降変化しており（第122回関西公共政策研究会〔京都大学〕における今里佳奈子「福祉レジーム再編と家族」と題する報告の要旨の一部である。），この様な状況下，社協が福祉分野におけるNPOを背後から支える意義は大きい，と考えるものでもある。

33) もとよりNPO法人のネットワークも重要と考えるものであり，筆者が参加しているNPO法人では，社協の支援を得ているほか，全国権利擁護支援ネットワーク（ASNET-JAPAN〔アスネットジャパン〕）に参加するなどしている。

34) 全国社会福祉協議会地域福祉権利擁護に関する検討委員会においては，課題の一つとして「社協による法 人後見―地域での関係機関との連携・バックアップ体制の確保―」において「法人後見の受任体制がある市町村社協は14.0%・181か所（政令指定都市社協を除いた数）であり，そのうちの66.9%が「財源の確保」を課題として挙げていた。」「また，法人後見を受任している市町村社協では，66.3%が「組織体制の整備」を課題として挙げていた。法人後見に取り組む場合には長期にわたる支援となるため，後見業務に従事する専門性が高い人材を継続的に確保・養成する必要がある。さらに，社協に不足する法律的な専門性等を補うための専門職による技術支援や第三者的な業務チェック等のバックアップ体制を確保する必要がある。」（全国社会福祉協議会・地域福祉権利擁護に関する検討委員会・前掲注〔5〕48頁。）ともしている。

35) 筆者が参加しているNPO法人では，弁護士会の参加も得ているため法人後見支援の取り組みもしている。

第Ⅱ部　　　　　　　　〔三野寿美〕

とも考えられる。

4．権利擁護体制の構築に関する検討

　ここからは，権利擁護体制の構築等に関する今後の具体的業務拡大について検討する。

　しかし，地域における包括的権利擁護体制の構築等，近時，活発な主張・議論がなされるようになったばかりの新たなテーマであり，特に福祉系NPO に限ってみても，具体的にどのような活動・貢献が可能か，未だ模索の段階といってよい。

　そこで，まず，権利擁護支援システムの構成要素について検討を加える。

(1)　権利擁護支援システムの構成要素

　奥田佑子・平野隆之・金圓景「地域における権利擁護支援システムの要素と形成プロセス」日本の地域福祉第 28 巻 1-3 頁（日本地域福祉学会，2015年）においては，権利擁護支援システムの構成要素として，①「権利擁護に関する相談」（成年後見制度や日常生活自立支援事業などの利用に関する相談や広く権利擁護に関する相談（窓口・出張相談など）〔窓口・出張相談など〕），②「成年後見および日常的金銭管理に関する事業」（成年後見・日常的金銭管理等の利用支援・法人後見・法人後見監督の受任，後見人への支援），③「広報・啓発」（一般市民や福祉従事者の権利擁護への理解促進を目的としたイベントや講演会の開催，講師など），④「虐待問題への対応」（高齢者や障害者虐待防止に関するマニュアル作成や支援事業・虐待対応専門職チームづくりなど），⑤「サービス等の質のチェック」（オンブズマン活動や福祉サービス第三者評価など），⑥「人材養成・研修」（市民後見人・後見支援員等の養成に関する事業・後見人等のスキルアップ，スーパービジョンなど），⑦「権利擁護に関するネットワークやシステム構築」（専門職や専門機関との連絡会や勉強会の実施等・権利擁護支援のための民生委員や社協等との連携），⑧「調査研究」（成年後見や権利擁護に関する各種調査研究），⑨「その他」（消費者被害対策や保証人が必要な人への支援等）を挙げている。

4 地域における権利擁護支援事業についての考察

(2) 若干の考察

上記論文による実施状況についての調査結果[36]では,「調査時点で各団体において取り組まれていた事業内容」「をみると,基本的権利擁護支援として挙げた①権利擁護に関する相談』,『②成年後見および日常的金銭管理に関する事業』,『③広報・啓発』は17団体すべてにおいて実施されていた。次に『⑦権利擁護に関するネットワークやシステムの構築』は94.1%とほぼすべての団体で取り組まれていた。また,『⑥人材養成』(82.4%)と『④虐待問題への対応』(70.6%)が70%以上,『⑧調査研究』(58.8%)は半数以上の団体で実施されていた。『⑤サービス等の質のチェック』は17.6%であり,少ない団体での実施にとどまった。また,6か所(35.3%)で①～⑧に該当しない『⑨その他』の事業を実施していた。」[37]とのことであった。

そもそもこの調査の性質上[38],多くの成年後見事業を中核としているNPO法人全体の実態が把握出来ているとはいえない。また,もとより,前記の構成要素を担うことが,権利擁護支援システムの構築である,とまでは言い切れないものの,少なくとも権利擁護支援を意識して活動を行っている団体については,概ね地域における権利擁護支援事業が充実してきているとはいえそうである。

(3) 個別的課題についての若干の検討

ただし,例えば,④「虐待問題への対応」に関して,特に「児童虐待」に

---

36) 「調査は,2012年8月10日～9月30日に実施した。」「日本福祉大学地域ケア研究推進センターおよび権利擁護研究センターにおいて,全国権利擁護支援ネットワークに加盟する17団体を対象に質問紙による自記式調査を実施した。17団体は,全国ネットの活動の中心となる運営委員を務める団体(9団体)に加えて,調査説明会で協力が得られた団体である。その結果,17団体すべてから回答が得られた(回収率100%)。」「運営委員を務める団体については権利擁護支援を地域で切り開いてき先駆的実践であり,調査説明会で協力が得られた団体も,全国ネットの趣旨に賛同し地域の権利擁護支援システム形成に積極的に参加する意欲のある団体であると考えられる。」(「奥田佑子・平野隆之・金圓景『地域における権利擁護支援システムの要素と形成プロセス』日本の地域福祉第28巻4頁〔日本地域福祉学会,2015年〕)。

37) 奥田ほか・前掲注36)6-7頁。

38) 奥田ほか・前掲注36)参照。

4．権利擁護体制の構築に関する検討

ついては，緊急性が高い場合が多く，まずは，「児童虐待の防止等に関する
法律」等に従うことを最優先に考えるべきは当然であり，この例のごとく，
活動自体抑制的でなければならない分野もありそうである。

(a) 児童虐待問題への対応

この問題について，ごく最近新たな動きがあるため若干詳しく触れておく。
平成28年6月3日，改正児童福祉法が公布された。

改正児童福祉法の重要な要点は，(1)児童相談所の強化，(2)基礎自治体によ
る支援，(3)社会的養護のあり方，について今後の方向性の一端が示されたこ
とである[39]

この様な動きに関連して，(1)児童相談所の強化に関しては，弁護士等法律
系専門職の参加する福祉系NPOにとっては，新たな役割・貢献が期待され
そうである。また，(3)社会的養護のあり方については，例えば，従前から，
里親制度関しては，里親支援機関の事業はNPOにも委託でき，これについ
ての協力，その他，要支援児童等の地域における見守り等が必要な事案（現
在，予防的な対応の必要性が叫ばれる時代となっている点にも留意しておく必要
あり）については，民生委員・人権擁護委員も参加している福祉系NPOの

---

39) 松原康雄「児童福祉法改正と研究・現場実践の課題」第13回日本社会福祉学会
フォーラム（2017年3月，於：おかやま西川原プラザ）。

＊平成28年6月3日，改正児童福祉法が公布され，その附則において，児童の福
祉の増進を図る観点から，国は，特別養子縁組制度の利用促進のあり方について検
討を加え（平成28年7月，厚生労働省内に有識者による「児童虐待対応における司
法関与及び特別養子縁組制度の利用促進の在り方に関する検討会」が立ち上げら
れ，調査・検討が開始された。その後，2017年3月末時点，「児童虐待対応におけ
る司法関与及び特別養子縁組制度の利用促進の在り方に関する検討会」で提言がま
とめられ，政府内の関係部局においてさらに検討，結論を出すこととなっている），
その結果に基づいて必要な措置を講ずると定められた。近年の児童福祉法改正は，
児童虐待への対応を軸にして展開している。その意味では，児童虐待への［法的］
対応を軸にして展開する施策の一つとして特別養子制度の活用が浮上したといえ
る。特に具体的な提案が行われているのは，「平成28年3月10日社会保障審議会児
童部会新たな子ども家庭福祉のあり方に関する専門委員会報告（提言）」の「9. 社
会的養護の充実強化と継続的な自立支援システムの構築(3)特別養子縁組制度の利用
促進のために必要な措置」である（以上は，平成28年7月に行われた，日本子ども
虐待防止学会「特別養子縁組に関するシンポジウム〜民法を中心として〔日本女子
大学〕」の鈴木博人教授の報告の要旨である）。

関与・貢献の余地がありそうでもあるが，議論が始まったばかりであるため，ここでは簡単に触れるにとどめる。

(b) 日常生活自立支援事業

また，権利擁護の支援としてのもう一つの軸である日常生活自立支援事業については，都道府県社会福祉協議会及び指定都市社会福祉協議会が実施主体である点を顧慮すれば，側面的支援に徹するということになる，と考える。

いずれにせよ権利擁護については，相談支援，法的支援，生活支援の三つの支援軸によって成り立っている[40]と考えられており，このように見ていくと，今後は特に社会福祉協議会との連携強化[41]（双方とも得意分野，例えば社協の相談支援，法律専門職の在籍する福祉系NPOによる法的対応）を中心に，時に支援を得，あるいは連携・協力することでより機能すると思われる。

5. 結　び

既に見てきたように，権利擁護の支援としての軸の一つである成年後見制度については，これまでの実務経験を通じて，法人後見のメリットが随所で検証され，法人後見こそが成年後見を担う本命とする考え方も有力になってきており，本稿においても支持するものである。

そこで，今後の法人後見を担う法人後見の活動主体として，特にNPO法人を軸に置き，比較対象として社会福祉協議会について検討したが，結論と

---

40)　ただし，この「権利擁護」という言葉は，いろいろな使われ方がある。例えば「法的支援の権利擁護は，担い手が法律職であってもなくても，念頭に置かれる活動は，裁判所など司法機関を念頭においた活動である。他方，相談支援を担う福祉職の方々が，相談対応の中で権利擁護を意識するとき，その活動の中心におくものは自己決定を尊重する意思決定支援であり，エンパワーであると語られる。」。いずれにせよ権利擁護については，相談支援，法的支援，生活支援の三つの支援軸によって成り立っていると考えられている（佐藤彰一「権利擁護実践における福祉職と法律職の連携について〔国際高等研究所研究プロジェクト報告書〕」日本医療社会福祉学会第24回大会（神戸学院大学）配布資料・100-103頁〔2014年〕）。

41)　なお，そもそも「近年NPOの台頭を受け，社協はNPOとの連携を十分に推進できていないという批判もある」（大和三重「社会福祉とNPO」山内直人・田中敬文・奥山尚子編『NPO NGO事典』131頁〔大阪大学大学院国際公共政策研究科NPO研究情報センター，2012年〕）との指摘あり。

5. 結 び

して，NPO法人による法人後見事業・その関連事業は，社会福祉協議会におけるそれとの違いを見いだすことは難しいといってよく，しかし双方とも不足している部分がある。

さらに視点を広くし，本研究報告のテーマである「福祉系NPOによる地域における権利擁護支援事業」については，おおよその概観は出来たと考えるが，例えば，成年後見制度の利用の促進に関する法律が平成28年5月13日に施行される[42]，既に紹介した児童福祉法改正を受け，特別養子縁組制度の利用促進が企図されるなど新たな現象（また，今後関連法の改正等予想される）も生じており，福祉系NPOに関しては，さらなる役割・貢献が期待される状況にあるといえ，いずれにせよ，権利擁護の支援としてのもう一つの軸である日常生活自立支援事業については，都道府県社会福祉協議会及び指定都市社会福祉協議会が実施主体である点も踏まえ，これらとの連携・協力していくことで，福祉系NPOによる地域における権利擁護支援事業を支える基盤がより充実し，多様な事業の展開が期待される，と考えるものである。

---

[42] 成年後見制度利用促進法が制定されたことについても簡単に触れておく。
　　成年後見制度利用促進法は，国の責務として，基本理念に基づく成年後見制度の総合的な利用促進施策の策定・実施（4条），地方公共団体の責務として，国と連携しつつ，地域特性にも配慮した自主的・主体的な基本理念に基づく成年後見制度の利用促進施策の策定・実施を明定している（5条）。関係者は基本理念に基づき業務を行うとともに国または地方公共団体の成年後見制度の利用促進施策に協力するように努力するものとし（6条），国民は成年後見制度の重要性に関する理解を深めるとともに成年後見制度の利用促進施策に協力するように努力するものとしている（7条）。このように国と也方公共団体の責務，関係者と国民の努力義務を規定したうえで，相互の連携を確保するように努力するものとしている（8条）が，とりわけ地方洪団体と家庭裁判所・関係行政機関との連携を図るように留意するものとしている（8条2項）点は重要である（以上，新井誠「成年後見制度利用促進法と円滑化法の意義」実践成年後見63号8-9頁〔民事法研究会，2016年〕）。

5 医療の産業化をめぐる法政策の展開
── 新自由主義医療政策のジレンマ ──

石原奈津子

────────【要　旨】────────

　社会保障の充実と国家財政の維持の観点から，増大する医療費に関する議論が続いている。医療保障に社会的浪費が含まれている可能性が長く示唆されているところである一方で，高度成長期を経て社会が成熟してきているといえども，財源確保のためにも経済成長は必要であるという観点から医療産業が有望視されることも多い。

　本稿においては，小泉政権の構造改革，すなわち，聖域とされた医療分野においても市場原理導入を謳った路線から現在の第三次安倍政権に至るまで，政策はどのような変遷を経たのかについて，時系列的な考察を行う。小泉構造改革から第三次安倍政権に至るまでの一連の社会保障政策の再編は，「公的」医療・介護・保育を緊縮するものであり，いわゆる「公助」の縮小，すなわち国家による再分配の縮小であると言える。他方で，自治体に地域包括ケアを構築させ，営利企業による保育，医療，介護への参入を促進し，家族によるケアを重視する。すなわち「自助」「共助」を強調するものである。資本主義的な市場の中に埋め込まれた社会における社会連帯が拡大されたものである。

　そして，現在の安倍政権においては，成長戦略と高齢化に対応した社会保障の持続可能性の確保が一体的な改革として位置づけられ，両者が相互に促進しあう関係を意図しているが，「自助」「共助」が強調されることによって，社会保障・税の改革がアベノミクスの「成長戦略」に従属し，戦略産業として医療産業が取り上げられ急進化していると言われる。皆保険体制との対立も懸念されているが，それは「セルフメディケーションによる市場創造」，「革新的な医薬品・医療機器による市場創造」，「医療・介護の再編による市場創造」という三つの戦略的市場創造プランとして具体化されている。

　しかしながら，医療産業が拡大すれば，医療費が増加するというジレンマがある。医薬品産業が売り上げた医薬品は，患者が消費することで医療費が積みあがっていく関係にある。この点について検討するため，本稿において

は，がらりと視点を変え，公的医療保険の対象となる医薬品を生産する医薬品産業について考察する。医薬品産業は，当初より国民皆保険制度のもと，薬価低下政策等国の様々な公共政策を前提として自らの利益を追求してきた。今日医薬品産業は規模の経済により急激なグローバル化が見られる。医薬品企業を内需で育成するには，医療費が大きくならざるを得ず，医療費を抑制して医薬品産業を育成することは困難であるが，医薬品の輸出は医療費の抑制と矛盾しない。

成長戦略に対応し，患者申出制度，薬事法の改正，医療法人のガバナンスの強化といった法改正等が行われている。「革新的な医薬品・医療機器による市場創造」と患者申出療養制度に関する検討を次の課題としたい。

1．はじめに

社会保障の充実と国家財政の維持の観点から，増大する医療費に関する議論が続いている。国家財政の困窮が常に問題となっている昨今において，財政支出の中心となるのは社会保障関連費である。中でも，医療保障は社会的浪費が含まれている可能性が長く示唆されているところである。一方で，高度成長期を経て社会が成熟してきているといえども，財源確保のためにも経済成長は必要であるという観点から医療産業が有望視されることも多い。

しかし，医療産業が拡大すれば，医療費が増加するというジレンマがある。医薬品産業が売り上げた医薬品は，患者が消費することで医療費が積みあがっていく関係にある。この点について検討するため，本稿においては，がらりと視点を変えて公的医療保険の対象となる医薬品を生産する医薬品産業についても考察する。これが1つの目的となる。

さらには，小泉政権の構造改革，すなわち，聖域とされた医療分野においても市場原理導入を謳った路線から現在の第三次安倍政権に至るまで，政策はどのような変遷を経たのであろうか。本稿においては，時系列的な観点から社会（医療）保障と医療の産業化政策の考察を行う。

すなわち，医療の産業化に焦点を当て，医薬品産業に考察を及ばせて検討すべき糸口を探りつつ，最近の法改正等を含めて概観しようとするものであ

る。

２．社会保障政策再編の流れと医療の産業化

(1) 構造改革における医療本体への市場原理導入論争

　小泉内閣が掲げた「構造改革」と呼ばれた日本版新自由主義が頂点を迎えたのは 2005 年 9 月，「経済財政諮問会議」を重視し，経済産業省流の構造改革により経済成長，および歳入増加路線をとったものである。経済戦略会議「日本経済再生への戦略──経済戦略会議答申」(1999) でも「今後の経済財政運営及び経済社会の構造改革に関する基本方針（骨太の方針)」(2001) 等でも，医療の産業化という用語は用いられず，当初は，医療費を削減すべく「競争原理の導入を通じて医療コストの抑制を実現」することが第一義的に目指されていた。

　しかしながら，厚生労働省は，強大な小泉政権時代に一貫して医療への市場原理導入に抵抗し，医療本体への市場原理導入の全面実施には至らなかった。混合診療の全面解禁に関しての議論も行われたが，2004 年 12 月の厚生労働大臣・規制改革大臣「いわゆる「混合診療」問題に係る基本的合意」により全面解禁は否定され，特定療養費制度を再編した「保険外併用療養費制度」により部分解禁されることとなった[1]。

　医療分野への市場導入論は，これにより医療を効率化し，医療費を抑制出来るということを前提としていた。すなわち，そもそも医療分野は情報の非対称性が存在するため，数量規制や価格規制が必要であるが，これらを緩和する方向により競争を促進することによって医療供給体制を効率化することなどが可能となり，サービスの質を維持しつつコストを削減できるとしていた。しかしながら，現実的には，アメリカにおける実証研究で株式会社制病院チェーンによる医療費抑制効果は完全否定され，私的医療保険の拡大により，私的医療費のみならず公的医療費，総医療費も増加することが経験則とされている。すなわち，医療の市場化・営利化は企業にとっては「新しい市

---

1)　なお，健康保険法第 86 条を根拠とした混合診療原則禁止に関しては，最高裁平成 23 年 10 月 25 日判決において，当該条文解釈が適法であるとの判断が示された。

場の拡大」を意味する，反面，公医療費的医療費を含めた増加をもたらすため，（公的）医療費抑制の方向性に矛盾するというジレンマがある[2]。

さらに，小泉構造改革は 2006 年には新自由主義が作り出す「格差」や「ワーキングプア」などが大きく注目されることになった。後の安倍・福田・麻生政権では，政府内での医療への市場原理導入論はほとんど消失することとなり，かわって「社会保障の機能強化」路線へと自公政権の枠内で政策転換がなされたものとされている[3]。

ただし，構造改革を機に，今まで聖域とされ比較的財政制約が少なかった医療に対して財務的な視点が加わるようになった。医療が厚生省 1 省の問題ではなく，経済産業省や文科省まとめ役の内閣府や金銭面での財務省の関与が大きくなってきた。もっとも，医療費増加のかなりの部分が技術進歩の要素である以上，社会保障の問題とはいえ年金と同様に論じることは出来ず，産業の視点は欠くことはできないと言え，必然的な流れとも考えられる[4]。

(2) 民主党政権の「医療産業化」論

政権交代を実現した鳩山内閣は，新自由主義的構造改革の勢力と公約である「国民の生活が第一」に沿って，貧困・格差の是正をめざして社会保障政策の充実をめざす福祉国家的勢力の擁立状況が見られたが，それらの矛盾が

---

2) 二木立『TPP と医療の産業化』（勁草書房，2012 年）81 頁。

3) 続く第一次安倍内閣では政策対応が「再チャレンジ支援総合プラン」などにとどまり「消えた年金問題」で政権は 2007 年 7 月に大敗した。福田内閣は，「社会保障国民会議」を設置し，財務省流の消費増税による財政再建路線（「社会保障の持続可能性」論）を再起動させ，高齢化対策としての医療・年金の削減と在宅ケアの拡充，少子化対策，貧困政策といった社会変動への対応を基調としつつ，保守政治を再確立すべく「社会保障政策の機能強化」を加味するものとした。しかしながら，社会保障は自助・自己負担を基本とする社会扶助のしくみであるとして，介護・保育等財源としての消費税の増税や保育サービスの企業化を強調しており，社会福祉・所得再分配の観点が大きく後退している。続く麻生内閣は，「安心社会実現会議」を設置したが，「福祉社会」「社会保障」と言わずにあえて「安心社会」「安心保障」と言うように，基調は就労による自助，政府（公助）の縮小，企業・地域・NPO・自治体による支えあい（共助），税制改革（消費増税，法人減税）であった。

4) 真野俊樹『比較医療政策——社会民主主義・保守主義・自由主義——』（ミネルヴァ書房，2013 年）11 頁。

2．社会保障政策再編の流れと医療の産業化

財源不足という形で露呈し国民の支持を失った。

続く菅内閣では「強い経済，強い財政，強い社会保障の一体的実現をうたったが，新自由主義的傾向が強く，「新成長戦略基本方針——輝きのある日本へ」において，勤労者所得の向上による内需拡大ではなく，都市再生・住宅への民間投資や，環境・エネルギー，医療・介護・観光振興，ヒト，モノ，カネの自由貿易化を推進する選択を鮮明にした。2010 年に閣議決定した「新成長戦略」中の医療政策においては，従来，社会保障は，少子高齢化を背景に負担面ばかりが強調され，経済成長の足を引っ張るものとみなされてきたことを否定して，「社会保障には雇用創出を通じて成長をもたらす分野が数多く含まれており，社会保障の充実が雇用創出を通じて成長をもたらす分野が数多く含まれており，社会保障の充実が雇用創出を通じ，同時に成長をもたらすことが可能」としている点は評価される[5]。

また，日本は医療の産業化という点では遅れをとっているため，今後はイノベーションにより，周辺産業を含め医療産業を成長させることが必要であるとされた。「新成長戦略」の「ライフイノベーションによる健康大国戦略」の中の医療分野の「ライフイノベーション」は，「公的保険外」の医療サービスの育成と医薬品・医療機器産業の輸出産業化の 2 本立てとなっている。

医療の産業化は多義的な用語である。公的保険制度の枠外の自由な市場での資本蓄積や技術進歩の基盤整備を実現し，自律的な成長を可能にするという新しい視点が強調されたが，各論に含まれる「医療・介護・健康関連産業を成長牽引産業」化するための具体的施策としての混合診療の拡大，医療ツーリズム等は，医療分野への市場原理導入策であり，産業化の主体には企業だけでなく医療機関も想定されている。この点において，小泉政権時代の医療分野への市場原理導入論が部分的に復活しており総論との分裂が見られる[6]。医療がそもそもサービス業であることにかんがみれば，医療の産業化は医療への市場原理導入の言い換えとも言え，「医療の産業化」という新語

5）　二木立『民主党政権の医療政策』（勁草書房，2011 年）11 頁。

6）　二木・前掲注 2) 77 頁-78 頁。

5 医療の産業化をめぐる法政策の展開

には，営利産業化という特殊な意味が付与されていると言われる[7]。

一方で，より広く医療の産業化を捉えて打ち出された医薬品・医療機器産業の輸出産業化に関しては，医療サービスの営利産業化と異なり，省間の対立はほとんどない。新成長戦略は，医療・介護・健康関連産業を成長牽引産業に転換することを目指し，「日本発の革新的な医薬品・医療・介護技術の研究開発推進を重視し，今後，飛躍的な成長が望まれる医薬品・医療機器・再生医療等のライフサイエンス分野」と位置付けた。

ライフサイエンス分野が数少ない成長産業であることに関してはほぼ異論のないところであり，「医療そのものの収益性をあげて営利産業化するのではなく，医薬品や医療機器において世界の先頭に立つような体制を作り上げ活性化して，その総合的な力を持って世界に冠たる医療産業化を成し遂げることが可能であるとすれば，それが最もまともな路線」と言われることもあるが，政府の医薬品・医療機器産業の振興策が強化されているにもかかわらず，両産業の国際競争力は低下している。医薬品の輸入超過は2010年で1.2兆円にも達しており，日本の製薬企業の国際競争力低下を反映している。日本の製薬企業は，欧米の製薬企業に比べて，今後急拡大が予想されている低分子医薬品とバイオ医薬品の開発・販売で大きく立ち遅れている[8]。

医療の周辺産業として医薬品産業や医療機器産業の競争力強化は必要であるが，現状では，欧米企業の競争力が強く，今後，日本企業が競争力をどこまでアップ出来るかは未知数である[9]。「新成長戦略」は，医療・介護・健康関連産業の成長牽引産業化を目指したが，あくまで経済成長の「下支え」にとどまるというのが現実的なところであるかもしれない[10]。

---

7) 二木・前掲注2)65頁，84頁-91頁　なお，医療の非営利性と最近の法改正に関しては本稿4．(3)を参照。

8) 二木・前掲注2)110頁。

9) なお，医薬品の輸出超過，輸入超過は当該国を母国とする製薬企業の国際競争力のみならず，当該国自身の製造立地としての競争力に影響を受ける。日本企業が海外に製造拠点を立地することになれば，国内バイオ医薬品製造が空洞化すると懸念される。

10) 続く野田内閣は，東日本大震災からの復興，経済不況対策，社会保障・税一体改革の成案作成，TPPの推進，行政改革の推進をかかげた。2011年12月「日本再生

2. 社会保障政策再編の流れと医療の産業化

(3) アベノミクスの登場

2011 年～1012 年にかけては，脱原子力発電，反消費税の幅広い国民運動が展開した。これにより社会保障・税一体改革路線の野田内閣の支持率は急落した。2012 年 8 月には，年内解散を暗黙裡に約束することで消費税増税法案が可決する。

第二次安倍内閣では，福祉削減「小さな政府」一本やりの原型新自由主義が 2008 年の経済危機で破たんしており，失業，雇用不安，生活困難が広がる中で，それでも反福祉国家を維持すべく，一層の金融緩和，財政出動による経済成長で国民の関心をひく経済政策すなわち経済危機以後型新自由主義を打ち出す必要があった。そして，デフレ経済からの脱却に集中するため，医療・社会保障政策は当初は明確ではなかった。

2013 年には「質量ともに次元の違う金融緩和」を行うことを決定するとともに，「成長戦略」において規制緩和を通じた企業競争力の緩和・雇用規制の緩和が提起され，戦略産業として医療産業・環境エネルギー・観光・社会資本輸出などが取り上げられた。

このアベノミクスについては，大企業のグローバル化による国内雇用の縮小と労働者賃金の低落を原因とするデフレを金融政策で解決できるとする危うさや，社会保障が低水準のまま新自由主義化されるなかでインフレが起きた場合の勤労者家族への打撃の大きさなどの問題点が指摘されていた[11]。

の基本戦略──危機の克服とフロンティアへの挑戦」と題する経済戦略を閣議決定し，新自由主義的な多国籍企業支援策を打ち出すが，同戦略には「分厚い中間層」「若者雇用戦略」「子供子育て新システム」などをあわせて掲げており，小泉内閣のような「小さな政府」型新自由主義ではない。「社会保障・税一体改革」の「大綱」は 2012 年 2 月に閣議報告されている。社会保障を，高齢者中心から「全世代対応型」に転換し，社会保障の自然増 1 兆円と国民年金の国庫負担の増額分さらに財政健全化のための税制改正を行い，消費増税，歳入庁を設置して税・社会保険料を一体徴収するなどが盛り込まれた。しかしながら，高齢者医療での保険料引き上げと患者負担率の引き上げ，医療・介護での「総合合算制度」の導入など社会保障「強化」とは裏腹なところも見られた。

11) 進藤兵「2008 年以後の日本政治の変動 戦略関係・社会保障アプローチ」『現代国家と市民社会の構造転換と法──学際的アプローチ』（日本評論社，2016 年）249頁。

(4) 第二次安倍内閣の医療・社会保障政策

2013年7月衆議院選挙以後，安倍内閣は長期政権になるとの見通しから，さまざまな改革アイディアが首相官邸に向けて提起され，成長戦略，社会保障・税の改革，軍事大国化の三面で急進的な政策が矢継ぎ早に打ち出されることとなった。2014年の「成長戦略進化のための今後の検討方針では，医療改革（医療法人の持ち株会社化，選定療養＝混合診療の解禁，公的保険外医療産業の活性化）が盛り込まれている。安倍内閣の医療政策の中心は，伝統的な公的医療費政策の徹底であり，部分的に医療の（営利）産業化論を含むものである。ただし，安倍内閣が突如導入したものではなく，民主党政権の時代からすでに準備されていたものである[12]。

2013年6月に閣議決定された「経済財政運営と改革の基本方針」（以下，「骨太方針2013」）においては，小泉内閣時代に常用された「小さくて効率的な政府」的な表現はなく，「目指すべき社会保障の規模は中福祉・中負担」とされ，小泉政権に全面的に返るものではないことが伺われる。この点，小泉氏と安倍氏の信条・発想の違いが指摘されている。小泉氏は，都会的な個人主義の人で新自由主義者である。一方，安倍氏は，政治的には右派であるが，古い自民党的な側面が強く，共同体，家族を重視している。2人とも「自助」を強調している点で共通しているが，小泉内閣時代の「自助」は「個人」であり，家族機能が低下していることを認めたうえで個人の自立を求めている。これに対して安倍氏や現自民党の「自助」は，「本人プラス家族」である。家族や地域共同体を強化したいという意識が強い[13]。

社会保障・税の改革に関しては，同年12月に，社会保障制度改革プログラム法が成立し，社会保障・税制改革を「アベノミクス」の成長戦略に従属させ，消費増税による法人税引き下げ・富裕層への税制優遇，全面的で急進的な社会保障縮減を行った。消費増税は17年ぶりに決定させた（2013年10月，2014年4月実施）。なお，プログラム法案骨子の前文には，「（社会保障制度改革は）自らの生活を自らまたは家族相互の助け合いによって支える自

---

12) 二木立『安倍政権の医療・社会保障改革』（勁草書房，2014年）3頁。
13) 二木・前掲注12)14-15頁。

助・自立を基本とし」と明記し，国民会議報告書の「社会保険方式を基本とする」考え方を事実上している。

医療に関しては，「地域医療・介護総合確保推進法案」を 2014 年 7 月に成立させた。これは，国民多数向けのコック民健保・介護両保険の財政膨張を抑制し，他方で富裕層向けの混合診療を解禁し，企業型医療法人に道を開くのが目的で，病院の急性期病床を削減する，都道府県が地域医療計画を策定し各病院をこれに従わせて医療供給に制限を設ける，国民健康保険の財政を都道府県に一元化して市町村一般会計かたの繰り上げを禁止する（保険料の値上げ→受診抑制），窓口負担・病院給食費・高額療養費・大病院外来での定額負担などの負担増などが盛り込まれた。端的には「地域包括ケアシステム」が強調されるが，患者を「病院から地域・在宅へ」「医療から介護へ」追い込む内容であると言われる。さらには，そこで想定されるのが自助型「地域ケア」であり，介護予防のうちの訪問介護・通所介護を介護保険から外して市町村事業に切りかえる，特別養護老人ホームを要介護 3 以上に限定する，利用料負担を年収 180 万円以上の場合 2 割に値上げするなど，医療・介護施設・住居などの総合的な社会保障によって居宅ケアを支える公的しくみは縮小されている[14]。

⑸ 第三次安倍内閣の医療・社会保障政策

第三次安倍内閣の重要政策分野の 1 つが，社会保障・税制・雇用・農業・保育などでの新自由主義的構造改革の急進化である。成長戦略と社会保障改革が一体的な改革として位置づけられ，両者が相互に促進しあう関係を意図している。高齢化に対応した社会保障の持続可能性の確保と国民の多様なニーズに応える健康産業の活性化を同時に達成すべき課題としてあげ，「二正面作戦」と位置付けている。

しかしながら，実際は，成長戦略が主導で社会保障改革が成長戦略に寄与させる方向で進められている。成長戦略は，社会保障の機能を縮小し，市場へ置き換えていくことをどこまでも求めていく性格のものであり，歯止めを

---

14) 進藤・前掲注11）251-252 頁。

5 医療の産業化をめぐる法政策の展開

持たない。これまでは，医療費抑制のための改革であったところが，成長戦略のもとでは，産業化と競争力強化のための再編という役割を持つ。医療は新たな投資先として国際展開戦略の柱としても位置付けられ，医療の営利産業化自体が目的とされることとなる。2015 年に成立した医療制度改定案においては，国民健康保険制度の運営の主導権を市町村から都道府県に移管し，医療費削減の観点から病床を削減するとともに，医療ビジネスの参入を促す内容となっている[15]。

　社会保障政策の再編は，福田内閣の「社会保障国民会議」，麻生内閣の「安心社会実現会議」，菅内閣の「社会保障・税一体改革」，野田内閣の社会保障制度改革推進法，消費税増税法，子供子育て新システム法の成立，第二次安倍内閣の消費税増税実施と社会保障制度改革プログラム法，地域医療・介護総合確保推進法の成立と生活保護法改定，生活困窮者自立支援法の成立，および第三次安倍内閣の医療制度改革法成立，子供子育て新システム実施，労働者派遣法改定，という一連の流れで継続されてきている。この一連の流れは，「公的」医療・介護・保育を緊縮するものであり，いわゆる「公助」の縮小，すなわち国家による再分配の縮小である。他方で，自治体に地域包括ケアを構築させ，営利企業による保育，医療，介護への参入を促進し，また，NPO／ボランティア団体・家族によるケアを重視する。すなわち「自助」「共助」を強調するものである。資本主義的な市場の中に埋め込まれた社会における社会連帯が拡大されたものである[16]。

　自助・共助を基本にすることを求め，社会保険を共助と位置付けて社会保障から切り離し，社会保障も権利性を否定して公の助けに貶め，自助・共助の後に初めて登場するものとする。誰にも頼らず我慢したり，相互に助け合う前近代的な個人・家族の姿だけでなく，必要なものは市場で購買して充足する近代的な生活スタイル，すなわち市場の中で生きる個人・家族が想定されている。今日において，自助で対応しようとすれば市場に頼るしかない。

---

15)　横山嘉一「成長戦略と医療の営利産業化」『安倍医療改革と皆保険体制の解体』（大月書店，2015 年）137-138 頁。

16)　進藤・前掲注11)255 頁。

自助・共助・公助が最も適切に組み合わされること，負担の増大と公費の負担が極力避けることが基本的な考え方であり，これまで公助として位置づけられてきた領域を出来るだけ市場に委ね，国民生活の市場への依存度をさらに高める方向で，国民に自立的な生活を営むことを求めるものであると言える[17]。

　安倍政権の成長戦略は，「日本再興戦略」において，医療の産業化を具体化し加速化している。戦略的市場創造プランには三つの柱がある。「セルフメディケーション」による市場創造を推進し，保険・医療の縮小を行う。これは，健康の自己責任を求め，個人や保険者へのインセンティブを付与して自ら市場でサービスを購入して自己管理することを求めている。革新的な医薬品・医療機器による市場創造を行う。ここでは，新たな保険外併用療養制度の創設が検討されている。医療・介護供給体制の再編による市場創造を行う。「自助・共助・公助」の具体化の象徴的な対象として位置づけられる「地域包括ケア」は，「地域完結型」と称して地域の相互扶助と市場に委ねていく戦略である。

　これらの成長戦略の促進策として提起され実施される健康・医療関連の事項は，皆保険体制とは対立する。成長戦略と社会保障改革の相互促進的関係が，成長戦略に収斂していく結果となれば，「一正面作戦」となるとの懸念もある[18]。

3．医薬品産業の展開

⑴　戦後の日本医薬品産業

　本章においては，代表的な医療産業として革新的な医薬品による市場創造を行う担い手となるべく医薬品産業の側から考察を行う。

　戦後の医薬品産業を歴史的にみると，公共政策の保護育成のもと，積極的な外国技術の導入，旺盛な設備投資，飛躍的な医薬品需要の伸びによって世界に類のない成長を遂げたのである。日本の医薬品産業はアメリカ合衆国に

---

　17)　横山・前掲注15)140頁。
　18)　横山・前掲注15)138頁。

5 医療の産業化をめぐる法政策の展開

ついで第2位の規模で多数の医薬品開発を行い世界の医療に貢献してきた。また，医薬品産業は，他産業と比較して高い利益率と高所得の雇用を実現してきた。患者は医療保険制度によって多様な医薬品を安価に利用することが出来た。

とはいえ，第二次世界大戦直後においては，日本の医薬品技術は欧米に比べてはるかに遅れていた。そこで，日本の医薬品企業は，欧米で承認された医薬品の技術導入を行い，製造技術の向上を重視したのである。1975年頃までは，資本取引規制と医薬品特許制度による日本の医薬品産業に対する保護育成政策が効果的に機能していた。欧米企業は多くの新薬を発見していたが，日本市場では外国企業の直接投資が制限されており，加えて医薬品特許に関しては，1976年まで物質特許，用途特許が認められず製法特許のみが認められており，結果として，欧米企業は日本市場に事実上直接参入することが出来ず，日本企業に対して製造技術をライセンス契約するしかなかった。逆に日本の医薬品企業は，ライセンスを受け製造技術を外国企業から導入すれば工場設備を設置して市場に容易に参加することが出来たのである[19]。

この結果，日本医薬品産業の「海外技術依存」傾向をもたらし，研究開発においては新薬の研究よりも類似薬の研究開発が重視され，製法特許を防御する目的でその周辺特許を獲得するための研究開発が行われたのである。

1961年には，国民皆保険制度が完成し医薬品支出が増加したが，医療機関・薬局に納入する納入価格低下競争が激しく，薬価と納入価格との間に大きな薬価差が存在したため，薬価差の大きな医薬品の処方が量的に拡大し，医薬品の適切な使用が歪められた。医薬品企業は薬価差の大きな医薬品開発

---

19) 医薬品産業の競争政策においては，一般に，医薬品特許，新薬承認制度，副作用調査期間の設定による「独占的排他権」の付与は，いずれも研究開発を行った企業に経済的利益を帰属させる制度であり，技術の専有性を高めて企業の研究開発を促進する。一方で，これらは参入規制にほかならず，医薬品の価格を高めて消費者の負担を増大させる。そこで，両者のバランスをとって，参入を適度に抑制して研究開発を促進すると同時に，独占の弊害が生じる場合には，参入を促進して消費者の利益を確保する必要がある。戦後，資本取引規制と医薬品特許制度は，日本の医薬品産業に対する保護育成政策として効果的に機能してきたが，これらのバランスは国内外での政策の焦点となっている。

3. 医薬品産業の展開

を志向し，既存の医薬品と類似した医薬品が多数開発された結果，画期的な医薬品開発は少なく，そのような医薬品を国際的に開発・販売する医薬品企業も限定的だった[20]。

日本の医薬品産業が研究開発志向型に転換するのは 1980 年代に入ってからのことである。

研究開発志向型の医薬品産業は，売上高に対する研究開発比率が高い。ここでいう研究開発とは，ヒトを対象として医薬品の薬効と安全性を確認する臨床試験に相当し，その費用部分が近年増大しているのである。期待される薬効が得られなかったり，副作用が発生したりしてプロジェクトが中止される可能性が高く，研究開発の成功率は低く，研究開発の開始から承認まで10 年以上の時間と多額の費用がかかる。

このように増加する研究開発費の資金調達を，既存の医薬品から生じるキャッシュフローによって調達するのが一般的である。長期化する研究開発，低い成功率，増大する研究開発費に対応するために，医薬品企業では，複数の研究開発プロジェクトを同時に実施することによって研究開発のリスクを分散したり，複数の医薬品を保有してキャッシュフローを獲得して研究開発費を調達するが，このようなポートフォリオを保有できるのは，大規模な医薬品企業に限られる。

また，医薬品の研究開発は巨額であるため，開発された医薬品を国際的に販売して初めて開発費を回収することが出来る。しかしながら，複数の国で販売を行うためにはそれぞれの国で臨床試験を行い販売承認を得て，さらにその国において販売機能を持つためには，MR 要員を雇用し販売ネットワークを構築しなければならない。このような能力を持つ企業は少数の多国籍企業に限定される。すなわち，研究開発が参入障壁となるのである[21]。

日本市場では長らく医師の処方なく購入できる一般医薬品が大きな市場を形成してきたが，1990 年代半ばをピークにして急速に縮小し，名目生産額

---

20)　姉川智史「日本の医薬品産業」『世界の医薬品産業』（東京大学出版会，2007 年）226-227 頁。

21)　姉川・前掲注20)236-239 頁。

の90％が医療用医薬品が占めるようになっている。医薬品企業の集中度は歴史的に見て必ずしも高くなかったが，90年代に欧米の大規模な企業の間でM&Aが積極的に行われたため世界全体における医薬品市場の寡占化が急速に進行した。

1990年代以降，世界全体では急速に市場規模が拡大する中，日本市場の規模は薬価低下政策によって停滞し，その世界市場における占有率は急速に低下していった。また，公共政策の転換によって，医薬品は国内のみなならず，国際的に販売されるようになり，寡占企業による国際競争が激化している[22]。少数の大規模な例外的企業を除いてはこのような基本条件の変化に対応する能力を失っていた[23]。

(2) 医薬品の安全性，有効性，品質の規制

医薬品はヒトの身体の安全性にかかわるために，国・政府は医薬品の研究開発，製造，販売の多様な段階で詳細な規制を行っている。その最も重要な規制が医薬品の承認規制であり，薬事法によって規制されている。

医薬品承認制度については，政府は中央薬事審議会の助言により，販売を行う医薬品企業からの承認申請について，データに基づいて承認の可否を判断する。日本の審査体制については欧米各国と比較して，少ない専門家で多数の医薬品の承認審査を行うこと，中央薬事審議会の委員として外部委員の助言を得て審査を行うこと等の特徴があった。このとき承認機関において専門家を蓄積することが出来す，医薬品審査に必要な専門家の養成が遅れた。また，外部専門家の意思決定責任をあいまいにした。

2004年には，医薬品医療機器総合機構が設立され，医薬品や医療機器などの品質，有効性，安全性について治験前から承認までを一貫した体制で指

---

22) 医薬品企業は，長らく卸企業に多様な割引，リベートを提供し，自社製品の販売促進を行ってきた。しかし，これは医薬品企業による卸企業の損失補てんであり，適正な価格による取引を妨げるとして，1991年になって見直されることになった。この背景には，1989年の日米構造協議があり，米国は，日本の流通慣行が外国製品の日本市場への参入を妨げているとした。公正取引委員会はこれを受け，独占禁止法の観点から日本の医薬品市場の流通，取引慣行の是正を提言した。

23) 姉川・前掲注20)233-243頁。

3. 医薬品産業の展開

導・審査することを目的としたが，医薬品審査の専門家の養成には時間と費用がかかり，医薬品承認規制を高い質で実現するのを阻んでいる。

医薬品承認に関する政府の判断の誤りには，承認基準を満足しない医薬品を政府が誤って承認する場合と，安全性，有効性，品質の基準に合致する医薬品を政府が誤って承認しない場合とがある[24]。

後者は，「未承認薬」の問題として，医薬品企業は新薬承認の遅れにより多大な損害を発生させられているという批判を行うことが多い。一般に，日本やドイツはアメリカやイギリスに比べて重要な医薬品の承認が遅れていると言われる。

医薬品企業にとっては，治験を早急に行いたいという点と，その国のマーケットの大きさが大きな関心事となる。日本で行う治験は時間がかかり，参加する医療機関が多くなり，かつコストも高い。そのために，日本での治験を敬遠する医薬品企業が内資であっても増えてきている。マーケットの大きさでは日本は依然として世界第2位の市場であるとはいえ，医薬品企業が申請を出さなければ日本で使用できる新薬は生まれない。そして，企業は日本のために新薬を創出しているわけではなく，日本市場に魅力がなければ退出してしまう[25]。

いずれにしても，国・政府が承認審査において意思決定の誤りによって患者，医薬品企業は多大の影響を受けるため，規制主体の規制の誤りをいかに防止するかが問題となる。日本の医薬品の安全性，有効性，品質の規制は，柔軟な行政指導として導入されるため，規制内容や強制力の有無に関して曖昧さを持つ。アメリカにおける，食品医薬局が強力な規制権限を有する一方で医薬品企業，政治家，患者からの厳しい批判さらされるといった「チェッ

---

24) 当該政府の誤りは，統計用語では，「タイプⅠ」と「タイプⅡ」に区別されている。タイプⅠの誤りは，医薬品が安全性，有効性，品質の基準を満足しないという帰無仮説を政府が誤って棄却することであり，深刻な副作用のある医薬品や薬効のない医薬品など，承認基準を満足しない医薬品を誤って承認した場合である。タイプⅡの誤りは，同様の帰無仮説を政府が誤って棄却しないことであり，いわゆる未承認薬の問題となる。

25) 真野・前掲注4)50頁。

5 医療の産業化をめぐる法政策の展開

クアンドバランス」に欠けている[26]。

(3) 価格規制

　日本の医薬品の価格規制は，医療保険制度と不可分に行われている。1961年に完成した国民皆保険では，保険医を指定し，保険で支出される医療サービス，医薬品等を指定する。医療保険は所定の比率で患者の医薬品費用を負担し，残りを患者が負担する。政府は，中央社会保険医療協議会に諮問して，医療サービスの対価である診療報酬，医薬品等に対する対価である薬価を決定する。1957年には，保険の対象となる医療においては薬価基準の定められた医薬品のみを使用することが義務付けられた。

　1967年から1978年まで採用された「統一限定収載方式」は，成分，剤型および規格により，同一の名称のもとに収載し，あわせて商品名で収載する方式である。この方式は，価格競争を招き，品質による競争が阻害され，類似医薬品の安易な営業政策が行われると批判された。

　そこで，1978年より現行の「銘柄別薬価」が導入され，同一成分，同一規格の医薬品であっても，銘柄ごとに異なる薬価が定められている。銘柄別薬価制度のもとでは，個別医薬品の供給の各段階に対応して，以下の価格が存在する。まず，医薬品企業が卸企業に対して供給するときの「医薬品企業販売価格」である。次に，卸企業が医療機関・薬局に供給する取引の価格である「納入価格」がある。この2種類は市場の需給関係において決定される。他方，医療保険による費用負担の基準となるのが「薬価」である。これは，政府が中央社会保険医療協議会の助言のもと決定する。

　医薬品の納入においては，医薬品卸業が医療機関・薬局と価格交渉を行う。このとき，同じ薬効領域に属する競合品との間で価格競争が行われるため納入価格が大きく低下することになる。その結果，日本の個別医薬品の納入価格は薬価を下回り，大きな「薬価差」が発生してきた。薬価差の薬価に対する「薬価差比率」は1980年代初頭には30％もあったと言われている。これらの薬価差は医療機関・薬局にとっては「不労所得」として帰属してき

---

26)　姉川・前掲注20)252–255頁。

112　　　　　　　　　　　第Ⅱ部　　　　　　　　　〔石原奈津子〕

3. 医薬品産業の展開

たのである。

医薬分業が進んでいない状態では，医師は，この薬価差の大きい医薬品を大量に処方するということが強く動機づけられる。そこで，医薬品企業は薬価をなるべく高く設定し，他方納入価格を低下させて薬価差を増大させ，販売量を拡大しようとするため，医薬品の資源配分が大きく歪められたのである。

この薬価差を解消し，薬剤費を抑制するために，国，政府は薬価低下政策を行った。政府は「薬価調査」において個別医薬品の市場価格を調査し，納入価格の平均値に近づける薬価改定では薬価を低下させるが，その結果，個別医薬品の薬価も納入価格と同じく長期的に低下していく。個別医薬品の長期的な価格低下が日本医薬品市場の大きな特徴であった[27]。また，1986年より医薬分業が政策的に追求され，さらには，医薬品企業と卸企業の機能を区別するために，1992年からは，医薬品企業のMRの機能は医師に対する情報提供に限定され，価格交渉は卸企業の機能となった。

このような薬価低下政策は，医薬品価格の低下によって医薬品生産額と消費額を抑制し，とりわけ1990年代に薬剤費抑制という当初の目的を効果的に実現した。一方で，国民皆保険の成立した1960年代以降，医薬品生産額は1970年代まで年率10%を超える極めて高い成長率を持続していたが，1970年代以降，薬価低下政策が行われた直後に医薬品生産額の成長率が大きく低下した。

そして，薬価差低下政策による薬剤費抑制を継続すべきなのか，また，これまでの薬価を納入価格に接近するように改定して薬価差を縮小させる方法は，薬価差が薬価の10%未満となった2000年前後にはそれほど機能しなくなってきており，新しい薬価規制をどうするのか，という問題が生じてきた。これに関して，政府はジェネリック製品の使用促進により，平均的薬価を低下させ，医薬品支出額を全体として低下させる政策を推進した[28]。

---

27) 欧米の個別医薬品価格は必ずしも低下せず，発売開始後に薬効が徐々に確認されることによって需要が増大し，価格が上昇する。

28) 特許期間が終了した医薬品技術は公共の知識となり，後発企業はその技術を利用

5 医療の産業化をめぐる法政策の展開

欧米では，既にジェネリック医薬品が安価な医薬品供給手段として数量ベースで40％～50％を超える水準で普及していたが，日本では一般名による処方が一般化しておらず，また安い医薬品を使用するという動機づけが処方する医師にも患者にも働かず，保険者もそれを要求しなかったため，ジェネリック医薬品の使用は低い水準にあったが，2000年代より医薬品支出額の抑制が政策目標になるにつれ，積極的な使用が推進されるようになった[29]。

(4) 新自由主義医療政策のジレンマ

小泉政権時代，構造改革の流れの中において，日本の医薬品市場の閉鎖性や過度の規制が批判された。しかしながら，現在では，外国製薬企業は，日本で新興国なみの売上増加率を享受している。これは，小泉政権以降の一連の規制改革で，新薬承認プロセスの迅速化と価格政策の見直しが行われたためとされている。また，小泉内閣以降，厳しい医療費抑制が続けられた中でも，医薬品費は増え続けた。最近は，高額な抗がん剤等の保険収載が増えており，医療保険財政を圧迫し，将来的には新薬のすべてを保険給付できなくなるとの懸念もある。

TPP論争が盛んに行われていた頃，もし医薬品の公定薬価制度が撤廃されたらどうなるかが考えられた。その場合，アメリカの巨大企業が得意とする画期的新薬や先駆的な医療機器の値段が上昇する。患者負担の増加と保険財政の悪化が必須である。さらには，それは保険給付範囲の縮小と診療報酬の強い引き下げ圧力となり，保険診療の範囲を超え，画期的な新薬や先駆的な医療機器を使い高い技術の医療を提供するかわりに高い治療費をとるといった病院の出現を促すことになる[30]。

してジェネリック薬を製造し市場に安価に供給することが可能である。

29)　姉川・前掲注20)257-259頁。

30)　なお，混合診療の全面解禁に関しては，医薬品企業が望むものではない。画期的新薬が自由診療とされた場合，医薬品企業が自由に高価格をつけても，利用できるのはごく一部の層に限られ，1薬剤あたりの利幅が大きくても販売数量が伸びない。保険収載されると公定価格は自由価格より引き下げられるが，患者負担が大幅に減るため，販売数量は大幅に伸び，売上高と利益は圧倒的に大きくなるからである。

3. 医薬品産業の展開

　それは，受けられる医療がお金によって変わってくることになり，「いつ
でも，どこでも，誰でも適切な医療を受けられる」という意味での国民皆保
険のイメージから乖離し始め，空洞化していく，といったものである[31]。

　今後，GDP の伸び以上に医療費が伸びていくことは確実視されている。
一方で，日本の医薬品産業には大きな輸出力はない。医薬品産業をさらに内
需で育成するには，医療費が大きくならざるを得ず，医療費を大きく抑制し
て医薬品産業を育成することは困難である。医療産業の育成は，医療費抑制
と矛盾する「新自由主義医療改革のジレンマ」がある[32]。

　当初より日本の医薬品企業は，与えられた公共政策の範囲で，いかにして
自らの利益を実現するかに腐心してきた。そこで，薬価低下政策や技術政策
などの遅れなどに対してなんら積極的に関与することなく，企業規模を拡大
するための M&A についても実施が遅れた。

　医療保険財政の維持と医療費抑制を目的とした薬価低下政策は，日本の医
薬品産業にとって 1990 年以降の売上の停滞をもたらしている。しかしなが
ら，営利企業による医薬品の開発と供給を前提とする限り，医薬品の研究開
発を振興させるためには，医薬品企業に対して豊富なキャッシュフローの獲
得が必要である。画期的な新薬に対しては，例外として潤沢なキャッシュフ
ローを認めるような価格設定を認めることも考えられる。

　そこで，日本の医薬品産業は，高度成長を実現する外国市場を重視すると
いう選択肢がある。実際に，売上額上位の数社は欧米市場での販売に依存し
て成長に成功した。医薬品の輸出は，医療費抑制と矛盾しない。今後は，ア
ジア諸国などの新興市場も有望であるが，欧米の医薬品企業との国際的競争
力が問題となる。しかしながら，欧米の大規模な医薬品企業と日本のそれと
は依然として規模において差があり，規模の経済が生じる研究開発・販売に
おいては不利である。欧米の大規模な医薬品企業は大規模な M&A を繰り
返している。これに対抗するような規模拡大は日本企業にとっては容易では
ない。日本の医薬品企業は，少数の大規模な医薬品企業，外国企業の日本法

---

31)　二木・前掲注12)78-81 頁。
32)　二木・前掲注12)21 頁。

人，多数の中小の医薬品企業，ジェネリック医薬品企業へと分化しているのが実情である。

また，日欧米の大規模な医薬品企業に共通する深刻な問題として，研究開発費用が上昇し続け，他方画期的な医薬品を継続的に開発することが困難になってきていることである。すなわち，医薬品産業が安価で効果的な医薬品の供給に世界的な規模で失敗する可能性がある。これまでの，アメリカの消費者による経済的負担が限界に達しているからである。将来的には，医薬品の研究開発を飛躍的に効率化して安価な医薬品を大量に供給するという社会的制度の必要性も指摘されている[33]。

4．医療の産業化と法改正

(1) 患者申出療養制度

安倍政権の「日本再興戦略」が具体化する三つのアクションプランの「革新的な医薬品・医療機器による市場創造」はいわば医療を輸出産業化する戦略である。患者申出療養制度は，革新的な医薬品の実用化によって市場創造をはかる一環として検討されてきたものである。これに関しては，国民の選択の自由に沿うものであっても，サービスの質に対する公的保障を行わず，選択した結果に自己責任を求めるのは国民にリスクを負わせることになることが指摘されている[34]。

患者申出療養制度は，まず，安全性・有効性について，前例がない制度については，臨床研究中核病院が，患者からの申し出を受けて国に対して申請し，原則6週間で国が判断して受診出来るようにする。前例がある診療については，臨床研究中核病院のほか，患者に身近な医療機関（予定協力医療機関）が，臨床患者からの申出を受け，前例を扱った臨床研究中核病院に対して申請。原則2週間以内で臨床研究中核病院が判断し，受診できるようにするとしている。

厚生省によれば，我が国においては，国民皆保険の理念のもと，必要かつ

---

33) 姉川・前掲注20)270-271頁。
34) 横山・前掲注15)185頁。

4．医療の産業化と法改正

適切な医療は基本的に保険収載し，将来的に保険収載を目指す先進的な医療等については，保険外併用療養制度として，安全性・有効性等を確認するなどの一定のルールにより保険診療との併用を認めている。患者申出療養は，困難な病気と闘う患者の思いに応えるため，先進的な医療について，患者の申出を起点とし，有効性・安全性を確認しつつ，身近な医療機関で迅速に受けなれるようにするものである。これは，国において，安全性・有効性等を確認すること，保険収載に向けた実施計画の作成を臨床研究中核病院に求め，国において確認すること，及び実施状況等の報告を臨床研究中核病院に求めることとした上で，保険外療養制度の中に位置づけるものであるため，いわゆる「混合診療」を無制限に解禁するものではなく，国民皆保険の堅持を前提とするものであるとしている。

　さらには，この患者からの申出を起点とした新たな仕組みは，未承認薬等を迅速に保険外療養として使用したいという困難な病気と闘う患者の思いに応えるためのものであり，将来的に保険適用につなげるためのデータ，科学的根拠を集積することを目的としている[35]。

(2)　薬事法の改正

　三つのアクションプランの「セルフメディケーションによる市場創造」では，セルフメディケーションを推進し，保険・医療の縮小を行う。これは，健康の自己責任を求め，個人や保険者へのインセンティブを付与して自ら市場でサービスを購入して自己管理することを求めている。これに関しては，健康には社会的要因を伴うので自己責任を強調し社会的責任を軽視してはいけないことが指摘されている[36]。

　25年改正薬事法では，薬事法の題名が，「医薬品，医療機器等の品質，有効性及び安全性の確保等に関する法律」に改められ，国，都道府県等，医薬品関連事業者及び医薬関係者の責務が明示された（法第1条の2，1条の3，1

35）「患者申出療養の概要について」http://www.mhlw.go.jp/stf/seisakunitsuite/bunya/0000114800.html（厚生労働省），最終アクセス平成28年5月7日。
　なお，参照条文としては，健康保険法第63条。
36）横山・前掲注15)183-184頁。

条の 4，1 条の 5）。国は，この法律の目的を達成するため，医薬品等の性質，有効性及び安全性の確保，これらの使用による保健衛生上の危害の発生及び拡大の防止その他の必要な施策を策定し，及び実施しなければならない（法第 1 条の 2）。

さらに，国民の義務が明示された。国民は，医薬品等を適正に使用するとともに，これらの有効性及び安全性に関する知識と理解を深めるように努めなければならない（法第 1 条の 6）。

また，平成 25 年インターネット販売規制に関する司法判断（最高裁平成 25 年 1 月 11 日判決）において，「原告が第 1 類医薬品及び第 2 類医薬品の郵便等販売の権利を有することを確認する」とした二審判決を支持し，国側の上告を棄却した。この薬事法施行規則によるインターネット販売規制は無効であるという司法判断を踏まえ，原則としてすべての一般用医薬品のインターネット販売が認められることになった。ただし，どうしてもインターネット販売に適さないと考えられるものは，一般用医薬品から「要指導医薬品」という区分に移すという措置を講じた[37]。

(3) 医療法人のガバナンスの強化

三つのアクションプランの「医療・介護供給体制の再編による市場創造」は，「自助・共助・公助」の具体化の象徴的な対象として位置づけられる「地域包括ケア」は，「地域完結型」と称して地域の相互扶助と市場に委ねていく戦略である。これに関しては，最終的には誰も責任をとらない無責任な体制になりかねないことが指摘されている[38]。

医療分野では，戦後から一貫して医療法人が民間事業者としてサービス提供主体の中核をなしてきた。医療法人は，医療経営を目的とする社団または財団で（医療法 39 条）1950 年の医療法改正により創設された。当時は，個

37）　薬事法規研究会『よくわかる Q&A 改正薬事法のポイント──薬事法から医薬品，医療機器法へ──』（ぎょうせい，2014 年）1-9 頁，51-52 頁　安念潤司「医薬品のインターネットによる販売規制の適法性──最高裁平成 25 年 1 月 11 日第二小法廷判決」ジュリスト 1453 号（2014 年）24-25 頁。

38）　横山・前掲注15)186 頁。

4．医療の産業化と法改正

人で開設している病院の世代交代の際に多額の相続税納税のために病院の経営が継続できず，病院をやめてしまうということが全国的に起きており，これに対処する方策として法人格の取得が考えられた。そこでは，医療法上の医業の非営利性の観点から，営利法人による病院等の開設は許可しない方針がとられ（医療法7条6項），他方で，非営利性があっても，医業経営には積極的な公益性が要求されないとして，民法旧34条に定める公益法人として設立を許可しない方針が採られていた。商法上の営利法人でもなく，民法による公益法人でもない中間的な性格の法人として創設されたのが医療法人であり，今日，病院の67％が医療法人である。

1990年代以降の構造改革により，様々な法人形態のサービス提供主体がサービス市場に参入することにより，特別法による特殊な法人形態としての庇護の下にあった医療法人を取り巻く環境は大きく変化し医療法人の意義を問い直す医療法人のガバナンスの問題が指摘されている。医療サービスの提供主体が本来のサービス給付の目的を見失い，法令違反などの事案が散見される。これは，医療サービス給付を監督する行政のあり方の問題である一方で，サービス提供主体の体質改善，組織内部のモニタリング機能の発揮が不十分であるとも言える。間接的ながらも，法人のガバナンス強化が医療サービスの質の向上に寄与する可能性は高い。

医療法人制度においては，2006年に①役員補充の規定の明確化，②社員総会年1回開催の義務付け，③監事の職務の明確化などが行われたが，2015年には，さらに踏み込んで経営の透明性の確保が図られた。具体的には，①役員と特殊の関係のある事業者との取引の状況に関する報告書の作成の義務付け②一定規模以上の医療法人についての医療法人会計基準の適用と外部監査の義務付け③理事会の機能強化④役員の忠実義務および任務懈怠時の損害賠償責任，理事会の設置，社員総会の決議による役員選任等を規定した。

このように，医療法人においても上場会社や公益社団・財団法人と同等レベルの法人運営と管理が求められるようになった。しかしながら，医療法人の84％がひとり医師医療法人であるため，法が意図する内部統制やけん制

機能がどの程度機能するかは未知数と言われている[39]。

5. 結　語

　医療産業が発展し，雇用を創出し，国の経済発展に寄与することは望ましい。といいつつも，その医療サービスを国民が消費するときには，国民皆保険による医療保障が介在し，医療費が積みあがって財政を圧迫する。そもそもジレンマがある。国民皆保険が達成されているため，医療サービスの給付を受ける者は，原則的に保障される。そこで，財源が問題となるため医療費の抑制が問題となるが，保障の方法には，「自助」，「共助」，「公助」がある。

　小泉構造改革から第三次安倍政権に至るまでの一連の社会保障政策の再編は，「公的」医療・介護・保育を緊縮するものであり，いわゆる「公助」の縮小，すなわち国家による再分配の縮小である。他方で，自治体に地域包括ケアを構築させ，営利企業による保育，医療，介護への参入を促進し，家族によるケアを重視する。すなわち「自助」「共助」を強調するものである。資本主義的な市場の中に埋め込まれた社会における社会連帯が拡大されたものである。

　安倍政権においては，成長戦略と高齢化に対応した社会保障の持続可能性の確保が一体的な改革として位置づけられ，両者が相互に促進しあう関係を意図しているが，「自助」「共助」が強調されることによって，社会保障・税の改革がアベノミクスの「成長戦略」に従属し，戦略産業として医療産業が取り上げられ急進化していると言われる。皆保険体制との対立も懸念されているが，それは「セルフメディケーションによる市場創造」，「革新的な医薬品・医療機器による市場創造」，「医療・介護の再編による市場創造」という三つの戦略的市場創造プランとして具体化されている。

---

39)　原田啓一郎「医療・介護サービス提供主体と特殊な法人形態──社会福祉法人と医療法人を中心に」法律時報89巻3号（2017年）38-45頁。
　　他に，持続可能な医療保険制度を構築するための国保等の2015年改正法に関しては，笠木映里「国民健康保険の「都道府県単位化」」同31-37頁，医療供給体制の確保に関しては，稲森公嘉「医療供給体制の確保に関する医療法の展開」同22-29頁が詳しい。

5. 結　語

　本稿で取り上げた医薬品産業は，当初より国民皆保険制度のもと，薬価低下政策等国の様々な公共政策を前提として自らの利益を追求してきた。今日医薬品産業は規模の経済により急激なグローバル化が見られるが，医薬品の輸出は医療費の抑制と矛盾しない。「革新的な医薬品・医療機器による市場創造」と患者申出療養制度に関する検討は次の課題としたい。

あ と が き

　法政策研究会は，25 年前の平成 5 年度，神戸大学大学院法学研究科に法
政策専攻が設置され，その 4 年後に設立されました。当時法学研究科長の根
岸哲先生（現・当研究会顧問・名誉教授），法政策専攻設置に奮闘努力された
阿部泰隆先生（現・当研究会顧問・名誉教授）をはじめ多くの神戸大学大学院
法学研究科の先生方のご支援のお陰をもちまして誕生しました。

　論集『法政策学の試み・法政策研究』第 1 集を平成 10 年 10 月に創刊し，
以来毎年刊行を続けています。この度論集第 18 集を発行することができま
した。

　これも会員の皆様が，日々の研究活動の積み重ねられた成果であり，顧問
の先生方，神戸大学大学院法学研究科はじめ関係する多くの先生方や研究者
の方々による暖かいご支援の賜物と深く感謝しています。

　この論集は，現在，角松生史先生（神戸大学大学院法学研究科教授）・泉水文
雄先生（神戸大学大学院法学研究科教授）の熱心な指導の下に継続しています。

　しかしながら，当研究会を取り巻く環境は厳しいものがあります。ひとつ
は，昨今の法科系大学院は，法科大学院が注目を集め，神戸大学法学研究科
の法政策専攻から高度専門職業人コースと名称変更されるとともに募集人員
も縮小されました。また，会員数は約 50 名でここ数年減少傾向となってい
ます。とりわけ新人会員数の増加を期待しています。

　この論集の多くは，会員諸氏の平素の実務体験からの論文であり，机上論
ではなく実績・事実に基づいた説得力のある研究成果を世に発表し，現在の
社会が抱える問題点を明らかにすることを目指しています。

　当研究会では，「継続は力なり」を合言葉に，刊行を続けていくことを目
標にしたいのが総意です。そのために会員諸氏が自己研鑽し，それぞれ研究
成果を挙げ，ささやかながらも社会貢献出来るよう期待しています。

　読者の皆様をはじめ関係各位の皆様におかれましては，これまでと同様に
ご指導・ご支援いただきますようお願いいたします。

法政策学の試み〔法政策研究 第 18 集〕

あ と が き

　最後になりましたが，本書創刊以来ご支援・ご助言を賜りました信山社の袖山貴氏，稲葉文子氏に心から御礼申し上げます。今後ともよろしくお願い申し上げます。

　2018(平成30)年1月

法政策研究会

〈監修者紹介〉

泉 水 文 雄（せんすい・ふみお）
　　神戸大学大学院法学研究科教授（経済法）

角 松 生 史（かどまつ・なるふみ）
　　神戸大学大学院法学研究科教授（行政法）

❀ ※ ❀

特集 労働争議
法政策学の試み──法政策研究 第18集

2018（平成30）年 1 月30日　第 1 版第 1 刷発行
2818-2：P132　¥4200E-013：005-002-003

編　者　神戸大学 法政策研究会
発行者　今井 貴 稲葉文子
発行所　株式会社 信 山 社
編集第 2 部
〒113-0033　東京都文京区本郷 6-2-9-102
Tel 03-3818-1019　Fax 03-3818-0344
henshu@shinzansha.co.jp
東北支店 仙台市青葉区子平町 11 番 1 号 208・112
笠間才木支店　〒309-1600 茨城県笠間市才木 515-3
Tel 0296-71-9081　Fax 0296-71-9082
笠間来栖支店　〒309-1625 茨城県笠間市来栖 2345-1
Tel 0296-71-0215　Fax 0296-72-5410
出版契約 2018-2818-2-01011　Printed in Japan

Ⓒ泉水文雄・角松生史, 2018 印刷・製本／ワイズ書籍（M）・牧製本
ISBN978-4-7972-2818-2 C3332　分類01-321.000 法政策学
2818-01011：050-002-003 《禁無断複写》

JCOPY 〈㈳出版者著作権管理機構委託出版物〉
本書の無断複写は著作権法上での例外を除き禁じられています。複写される場合は，
そのつど事前に，㈳出版者著作権管理機構（電話03-3513-6969, FAX03-3513-6979,
e-mail：info@jcopy.or.jp）の許諾を得てください。（信山社編集監理印）

＜信 山 社＞

法政策研究会 編
法政策学の試み──法政策研究

			＜本体価格(税別)＞
第1集	特集	法政策研究・創刊号	4,700 円(品切)
第2集	特集	現代の立法課題	6,300 円
第3集	特集	環境法制の現段階	4,700 円
第4集	特集	入 札 談 合	4,800 円
第5集	特集	司法制度改革を考える	4,800 円
第6集	特集	コンプライアンス	6,000 円
第7集	特集	情報公開制度	5,000 円
第8集	特集	職 務 発 明	5,000 円
第9集	特集	地 方 分 権	4,800 円
第10集	特集	独占禁止法改正の課題と展望	5,000 円
第11集	特集	改革期のプロ野球	4,000 円
第12集	特集	公 正 競 争	4,000 円
第13集	特集	参加と責任	4,000 円
第14集	特集	独禁法の域外適用	6,000 円
第15集	特集	競 争 法	6,000 円
第16集	特集	翻訳と支援	3,200 円
第17集	特集	ブ ラ ン ド	4,600 円
第18集	特集	労 働 争 議	4,200 円